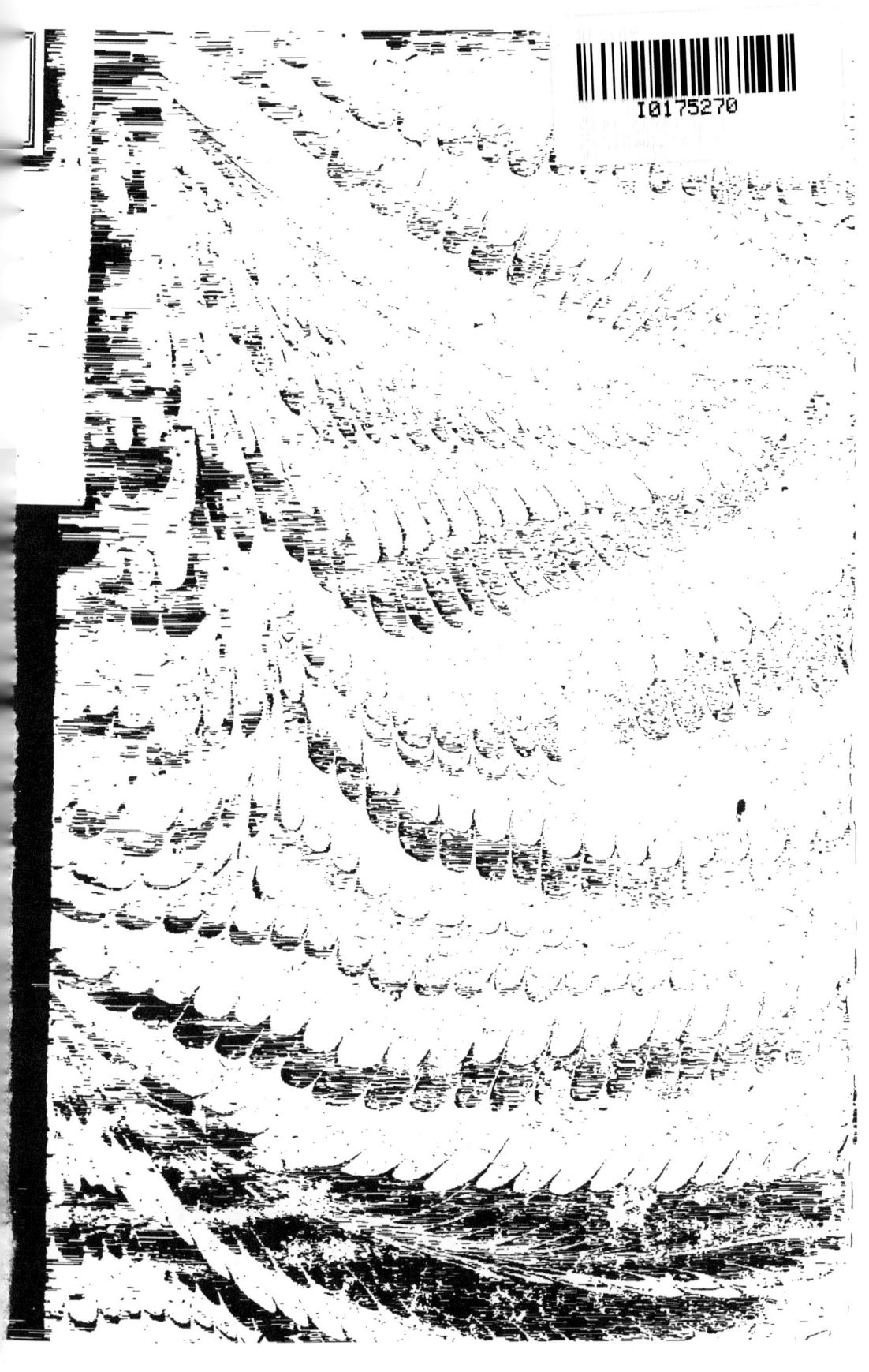

pé
V. 2619
A.

23618

THEATRE UNIVERSEL DES MACHINES,

OU

RECUEIL CHOISI

De divers grands & beaux Ouvrages conftruits dans l'Eau;

D'ECLUSES, DE PONTS-LEVIS, ET DE PONTS-TOURNANS.

Avec leurs Plans, Elévations & Profils.

Savoir : La grande Eclufe de Muyden, *avec fon Pont-levis, repréfentée très exactement dans toutes fes parties; de même que plufieurs Eclufes de bois. On montre auffi de la maniere la plus diftincte l'art de conftruire des Eclufes fans deffecher le Canal, avec plufieurs autres chofes qui en dépendent. On y a joint la fameufe* Eclufe de Hamel fur le Wefer, *commencée au mois d'Octobre 1730. & achevée au mois de Septembre 1734. fous la Direction de Mr.* O. L. VOIGT, *Grand-Bailli de Calenberg, & Confeiller des Commiffions de Sa Majefté le Roi de la Grande-Bretagne, Electeur de Hanover; & de Mr.* FICKEN, *Prémier Architecte du Roi Electeur, fur les Plans & Deffeins d'*ISAAC STOEL, *célébre Architecte d'Eclufes à Muyden*: Et *le* Pont-tournant fur le Canal de 's Graveland, *près du Fort d'Uytermeer, conftruit par* GYSBERT STOEL, *fur le Deffein de Mr.* VINCK, *Ingénieur des Fortifications & des Ouvrages publics de Hollande.*

Le tout repréfenté & deffiné très exactement & d'une maniere toute nouvelle, par

TILEMAN VAN DER HORST,

Et gravé par

JEAN SCHENK.

Traduit du Hollandois en François, avec permiffion de S. M. le Roi de Pologne, Electeur de Saxe, par

JEAN-RODOLPHE FÆSCH,

Lieutenant-Colonel du Corps des Ingénieurs de Sa Majefté le Roi de Pologne, Electeur de Saxe, & Membre de la Société Royale des Sciences de Berlin.

TOME PREMIER.

A AMSTERDAM,

Chez PIERRE SCHENK, Marchand d'Eftampes & de Cartes Géographiques, dans le Warmoes-ftraat près du Vygendam, à l'Atlas de N. Viffcher. 1737.

Avec Privilege des Etats de Hollande & de Weft-Frife.

PREFACE
DU
TRADUCTEUR.

JE me suis plus attaché à rendre cet Ouvrage intelligible, qu'à l'orner des graces du Stile; afin que les Ouvriers qu'on employera aient moins de peine à le comprendre.

Pour ce qui est des termes de l'Art, j'en ai tiré une partie de la Nouvelle Fortification par Ecluses *de* Stevin, *du* Cours d'Architecture *de* Daviler, *du* Traité des Ponts *par* Gautier, *de la* Science des Ingénieurs *par* Belidor, &c. J'y en ai ajouté quelques autres, dont une longue pratique m'a appris l'usage : en telle sorte que l'explication réponde au but de l'Auteur.

En cas que l'on trouvât entre l'Edition de ce I. Tome & celle du II. quel-

ques

ques termes plus propres que ceux qu'on a employés, on ne manquera pas de les mettre à la fin du second Tome, afin que chacun les puisse corriger, s'il le juge à propos.

Comme il y a très peu d'Ecluses en France & en Allemagne, il est difficile de rendre exactement tous les termes de l'Auteur. J'ai fait de mon mieux pour contenter le Public. Mais comme il se peut que je me sois trompé en quelques endroits, je serai très obligé aux personnes qui s'en appercevront, si elles veulent bien communiquer leurs corrections au Libraire, & l'on ne manquera pas de les inserer dans le second Tome.

RECUEIL CHOISI,

De divers grands & beaux Ouvrages, construits dans l'Eau,

D'ECLUSES, DE PONTS-LEVIS, ET DE PONTS-TOURNANS.

IL est nécessaire d'avertir d'abord le Lecteur, qu'il y a en Hollande principalement deux sortes d'Ecluses, lesquelles, par rapport à leur effet, sont fort différentes les unes des autres. Les *Schutsluizen*, ou les Ecluses à retenir l'eau, sont en usage dans le pays, pour retenir l'eau dans les Canaux, afin qu'elle ne s'écoule pas entierement, & qu'ainsi le Canal ne demeure pas à sec; ce qui arriveroit sans ces Ecluses, parce que le terrain a trop de pente. Mais on nomme *Waterkeringen*, les Ecluses qui font écouter l'eau dans la Mer au tems du reflux. Par le moyen de celles-ci, l'eau s'écoule jusqu'à ce que le flux de la Mer ou la marée revienne, & qu'elle soit devenue si haute qu'elle ferme les Battans ou Portes de l'Ecluse ; & quand elles sont fermées, alors ces sortes d'Ecluses détournent l'eau salée, & l'empêchent d'entrer dans les terres.

DESCRIPTION
DE
L'ECLUSE DE MUYDEN,
Avec un PONT-LEVIS par-deſſus.

CEtte Ecluſe peut arrêter l'eau par le flux & reflux, comme le marque la Planche. Au bout extérieur de cette Ecluſe, il y a deux paires de Portes ou Battans. On les ferme quand il s'éleve un orage, ou que la marée eſt haute; & pendant ce tems-là on laiſſe entrer l'eau entre les deux Portes, afin que celles qui ſont au dehors n'aient pas tant à ſouffrir. C'eſt de la même maniere qu'on ſe ſert des Battans, auſſi-bien que des Portes à pivots du côté des Quais. Il y a encore deux Portes au milieu de l'Ecluſe, qui ſervent à arrêter l'eau à la moitié de la longueur de l'Ecluſe. On donne ici les deſſeins de cette Ecluſe, auſſi-bien que du Pont, en quinze Planches, toutes faites & gravées ſelon les règles de l'Architecture & du Deſſein, où l'on pourra diſtinguer très exactement toutes les parties qui compoſent l'une & l'autre, & en prendre les dimenſions. Mais comme cet Ouvrage a près de 280 pieds de longueur, & que par conſéquent la meſure à laquelle on l'a réduit eſt fort petite, on a jugé à propos d'en deſſiner pluſieurs des principales parties ſelon une meſure

deux

deux & même trois fois plus grande, afin que l'on puisse s'en former une idée plus claire & plus distincte. Outre cela on a ajouté ici à chaque Planche, & à chaque piece de cet Ouvrage, soit de bois, de fer ou de bronze, le nom, l'épaisseur, la largeur, la longueur, & la hauteur qui lui convient; & à chaque piece en particulier une Echelle partagée par pieds.

N° I. & II.

Description du FOND de HIAGE ou PILOTAGE, des PATINS ou RACINAUX, & des PLATTE-FORMES que l'on construit sur le fond, de même que des PALS-A-PLANCHES & des POUTRES ACCOUPLE'ES que l'on met au dessus des PLATTE-FORMES.

LEs Patins sont par-tout immédiatement au-dessous des Poutres accouplées, ce que l'on peut observer dans le Profil au bout du fond de hiage, où l'on voit ces Patins par-devant à l'extrémité, avec une partie des Pilotis dessous, de même que les Platte-formes, & les Poutres accouplées dessus. Ces Patins doivent être posés sur le plat, 9, à 13 ou 14 pouces, & entaillés d'un pouce devant tous les Pilotis qui sont placés sous ces Patins; & à l'endroit où les Pals-à-planches sont hiés, il faut que les bouts des Patins soient autant éloignés les uns des autres que ces Pals-à-planches ont d'épaisseur. Les autres Pilotis doi-

vent être égaux avec le bout d'en-haut des Patins, ou coupés par en-haut ; & puis les Platte-formes deſſus, leſquelles doivent auſſi être entaillées d'un pouce devant chaque Pilotis & Patin. Les Platte-formes entre leſquelles on hiera les Pals-à-planches, ne doivent être éloignées l'une de l'autre que de l'épaiſſeur de ces derniers, & il faut qu'elles ſoient enchaſſées & jointes par tenon & mortaiſe aux Pilotis, & affermies avec des cloux. Ces Platte-formes doivent être jointes de 8 à 12 pouces avec des dents à crochet, & les Chamfrains aſſemblés en quarré ou en échiquier. L'on poſe encore à travers de ce fondement cinq rangées de Pals-à-planches d'un côté à l'autre, juſqu'à la terre-ferme, deſquels les extérieurs doivent être de longueur à pouvoir atteindre juſqu'au même fond où ſont les Pilotis. Il faut que ceux-ci ſoient tournés des deux côtés des ailes juſqu'à la file ou rangée ſuivante. Les deux rangées qui ſuivent celles-ci, ſont un peu plus courtes que celles du dehors. Ces trois rangées extérieures des Pals-à-planches ſeront épaiſſes de cinq pouces ; le reſte de ces Pals-à-planches, comme les deux files ou rangées au bout d'en-bas, de même que celles de devant ou de deſſous les deux paires des Portes de Marée, & celle du milieu, ce qui ſe voit tout dans la Planche : mais celles-ci ne doivent avoir que 12 à 15 pieds de longueur, & 4 pouces d'épaiſſeur. Après avoir planté ces barbes dans le fond, il faut poſer les poutres accouplées au-deſſus des Platte-formes, & les entailler d'un pouce devant chacune de ces dernieres, & les attacher fermement les unes aux autres avec de gros cloux quarrés, comme auſſi les Platte-formes, & les Patins qui doivent pareil-
lement

lement être bien attachés ensemble, & ensuite cloués sur les Pilotis, savoir un clou à chaque Pilotis. Les Poutres accouplées qui viennent à l'extrémité de l'Ecluse, doivent être assez longues pour pouvoir renfermer les 3 rangs des Pals-à-planches, & attacher les autres qui restent avec des Chamfrains à crochets. Ces Pals-à-planches doivent être plus longs de 8 pouces à l'endroit où se posent toutes les poutres-battantes, que le côté d'en-haut des Platte-formes; c'est-à-dire 4 pouces pour l'épaisseur du Plancher, & les autres 4 pouces entrent avec un creux par en-bas dans les poutres battantes. Au-lieu de ponctuer les Pilotis sous les Platte-formes, on les a indiqués ici un peu plus distinctement, & avec plus de justesse, & chacun verra facilement de soi-même que les Pilotis sont placés dessous. Par-dessus ces Platte-formes ou poutres il faut encore mettre un plancher de Dosses de 4 pouces d'épaisseur, les bien joindre l'une contre l'autre, & les bien serrer vers les Pals-à-planches, à l'endroit où ceux-ci s'élèvent au-dessus des Platte-formes, comme j'ai dit ci-dessus; & à l'endroit où ils ne s'élèvent pas au-dessus des Platte-formes, il faut que le plancher s'élève par-dessus. Ces Madriers ou Dosses de 4 pouces d'épaisseur, doivent être mis & posés en quarré ou en échiquier, pour qu'il n'y en ait pas trop qui reposent sur une poutre, mais qu'ils se passent les uns les autres, & il faut qu'ils soient bien attachés aux Platte-formes, avec des cloux. On ne voit ici que la plus grande moitié de ce Fond de Hiage ou de Pilotage. L'on a encore marqué dans ce fond, par des points, l'épaisseur de la muraille, avec les Renfoncemens dans lesquels les portes se tournent, & les Piles sur lesquelles est bâti le Pont, comme aussi les Culées avec leurs Eperons par derriere. Outre cela on voit encore au-dessus de ce fond de Hiage, l'Ecluse coupée, avec les Portes qui sont en dedans; & les Pilotis dessous, de même que les Pals-à-planches posés sur les côtés, avec les Poutres-battantes qui se trouvent à l'extrémité. Le Plancher sur son côté, avec les Platte-formes, se voit par-devant au bout, tant par-dessous que par-dessus le plancher. On voit encore dans ce Mur, le Conduit d'eau, pour faire entrer & sortir l'eau, lequel est ponctué jusqu'au bout, pour faire voir comment il passe par le mur. Il y a encore dans ce Mur, d'un bout à l'autre, des pierres de taille creusées, avec une croix de fer en-dedans, comme cela se voit dans la Planche. Ces pierres servent à conserver les Portes & les Murs, afin que les Bateliers y puissent accrocher leurs gaffes, au-lieu de les accrocher au Mur même. Enfin, l'assemblage ou le Chassis du Pont se trouve encore au dessus de cette muraille; avec les Vindas pour ouvrir & fermer les Battans, de même que de petits Vindas pour guinder les Vannes.

Explication des *termes d'Art* qui se trouvent dans les Planches.

N° I. en II.

A. *Le Sluys doorgesneden.*
  a. *Brugbint.*
    b. *Schil-*

N° I. & II.

A. Coupe de l'Ecluse.
  a. Assemblage ou Chassis du Pont.
    b. Vin-

de Ponts-Levis, &c.

b. *Schilpat of Windas*
c. *Verlaat of Rinket.*

b. Vindas.
c. Conduit d'eau, *est une* Ouverture aux côtés des Ecluses, par où l'on fait entrer & sortir l'eau.

B. *De grootste helft van de Hey- of Mastegrond, met de Kespen en Koppelhouten daar over.*

B. La plus grande moitié du Fond de Hiage ou de Pilotage, avec les Platte-formes & Poutres accouplées par-dessus. Platte-formes, *ou* Platte-formes de Fondation, *sont des pieces de bois plattes, arrêtées sur un Pilotage, & posées sur des Patins ou Racinaux.* Poutres accouplées, *sont des Poutres qui sont jointes ou assemblées par d'autres pieces.*

Nº III & IV.

Description du second Fond.

On voit sur ce Fond la Base des Murs, & les Piles sous le Pont, de même que les Culées avec leurs Eperons derriere; de plus, toutes les Poutres battantes pour les Portes du flux & reflux, comme aussi pour les Portes à pivots & les Racinaux. On a pourtant marqué ici derriere quelques-unes des Poutres-battantes, des Tasseaux; mais c'est ce qu'on peut faire ou laisser, selon qu'on le veut. De plus, toutes les poutres qui sont posées sur les planches, pour l'éventement du même Plancher, ou pour empêcher que ce même Plancher, ne remonte sur l'eau. Ces Poutres, j'entens celles de dessus, doivent être mises directement sur celles d'en-bas, comme il se voit au Profil. Ce Plancher est plus long de 11 à 12 pieds que les murs que l'on bâtit dessus, & cela pour arrêter le débordement des eaux, en cas qu'elles vinssent à passer par-dessus cette Ecluse. Ce plancher étant plus long de 11 à 12 pieds que les murs, les poutres qui passent sur ce plancher pour le tenir ferme & bas, & qui autrement entrent dans le mur par les deux extrémités, n'y entrent pas maintenant ; c'est pourquoi il y a au bout de chaque mur une forte poutre, dans laquelle les autres entrent, & s'y joignent par tenons & mortaises, ou avec une languette, ou bien avec un tenon de biais, d'un pouce & demi, ou de 2 pouces.

N° III en IV.

a. *Vleugel.*
b. *Brugpenant.*

c. *Walmuur.*

N° III & IV.

a. *Aile.*
b. *Pile: c'est un massif de forte Maçonnerie, dont le plan est le plus souvent hexagone bar-long, & arrondi quelquefois aux deux bouts, comme ici, & qui sépare & porte les Arches ou Travées d'un Pont.*
c. *Culée ou Butée: c'est le massif qui arcboute la poussée de la première & derniere Arche d'un Pont. On donne aussi ce nom à la Palée des pieux qui retiennent par des Vannes les terres derriere ce massif.*

d. *Pe-*   d. *Con-*

d. *Penanten.*	d. Contreforts ou Eperons, espece de Piliers quarrés ou triangulaires, construits au dedans d'un Mur de Quai, ou de Terrasse, lorsque, pour éviter la dépense, on ne le fait pas d'une épaisseur suffisante pour retenir la poussée des terres.
e. *De geheele lengte der Muuren is 267 voet.*	e. Toute la longueur des Murs ou Murailles est de 267 pieds.
f. *In 't geheel 172 voet breed.*	f. En tout 172 pieds de large.
g. *De vloer is aan dit endt voor de storting van 't water 11½ voet langer als de Muuren zyn.*	g. Le plancher est par ce bout (contre le débordement des eaux) plus long de 11 pieds & demi, que ne sont les murailles.
h. *Klos.*	h. Entretoise.

N°. V & VI.

Description du troisieme Fond: L'ECLUSE, vue par en-haut.

Les Eperons du côté des Quais, derriere la culée, sont ponctués, parce qu'ils restent sous le pavé. Au-dessus de cette Ecluse on voit les Seuils qui sont sur la muraille, sur lesquels les poutrelles du Pont sont posées, comme aussi le Seuil sur lequel repose l'assemblage ou le Chassis du Pont. On met sur ces poutrelles des Dosses de

4 pouces d'épaisseur. On peut encore remarquer tous les Battans fermés, & les Renfoncemens dans lesquels les Portes se tournent, quand on les ouvre; comme aussi les Vindas pour les ouvrir & fermer. Ces Vindas sont affermis par quatre tenons de fer, qui sont scellés dans les pierres de taille de l'épaisseur d'un pouce. Au-lieu des petits Vindas pour ouvrir les Vannes, on a représenté ici les pierres de taille avec leurs rainures par où entrent & sortent les Vannes. Le Conduit d'eau est ponctué, selon son cours par la muraille, pour lâcher ou retenir l'eau, & pour le remplir en tems d'orage ou de haute marée, du côté des Quais entre les battans & les portes à pivots; c'est ce qu'on a aussi ponctué. Il y a encore du côté des Quais les portes à pivots, comme elles sont étant ouvertes; & les poutres dans lesquelles ces Portes à pivots entrent par enhaut en tournant; de même que les Vindas, Cables & Poulies, pour les pouvoir ouvrir & fermer; avec les degrés de pierre de taille sur chaque mur, parce que l'Ecluse est plus haute de 5 degrés au-bout d'en-haut, qu'à celui d'en-bas.

N° V en VI.

A. *De Sluys van boven te zien.*
  a. *Brug penant lang 26 voet, breet - voet.*
  b. *'t Val.*

N° V & VI.

A. l'Ecluse vue par en-haut.
  a. Pile, 26 *pieds de long & 7 pieds de large.*
  b. *Le* Pont *ou l'assemblage du* Pont. *Mr. Belidor l'appelle* Tablier *d'un Pont levis, lequel Tablier est composé de*

de Ponts-Levis, &c. 11

la piece qui porte les tourillons, du chevet & des poutrelles, sur lesquelles on pose les dosses.

c. *Sloof daar 't Bint op komt.*
c. Sabliere sur laquelle vient l'assemblage ou le chassis du Pont.

d. *Sloven.*
d. Sablieres.

e. *Leggers.*
e. Poutrelles, Longerons, *ou* Soliveaux, *sont dans un Pont de charpente des pieces de bois, en guise de solives, qui supportent le Couchis.*

f. *De Hardsteenen daar de Schuyven of Valdeuren doorgaan.*
f. Les pierres de taille par où passent les Vannes.

g. *Windaasen.*
g. Windas.

h. *Toldeuren.*
h. Portes à pivots, *ou* portes tournantes sur aiguille, *sont des portes qui tournent au milieu, tant en haut qu'en-bas, sur un pivot ou aiguille, de sorte que quand une moitié de la porte entre, l'autre moitié sort.*

i. *Vleugel.*
i. Aile.

N° VII.

L'ECLUSE *aux deux bouts, vue par dehors, à* PORTES *fermées.*

On y remarque les Vindas avec les Barres & les Cables, pour ouvrir & fermer les portes. De plus on voit dans les deux murailles qui sont au milieu, les Conduits d'eau pour la recevoir. Il faut faire des grilles de fer devant ces portes, afin qu'il n'y entre point de grosse vilenie. Ces grilles sont faites de barres de fer d'un pouce &
de-

demi, & éloignées de 5 à 6 pouces les unes des autres, & font affermies entre les deux Pôteaux du milieu des Allonges. On voit encore ici l'Ecluse par en-haut, devant le bout d'en-bas, avec le Pont dessus; toutefois les deux murs du milieu, comme aussi ceux qui sont à l'extrémité du Pont, sont coupés. Ces deux murs du milieu sont par en-bas de l'épaisseur de 17 pieds, & sont élevés tout droit, avec la même épaisseur, jusqu'à la hauteur de 7 à 8 pieds; là ils forment un rond vuide de 4 pieds, de sorte que ces murs s'élevent de l'épaisseur de 13 pieds, jusques tout à fait en-haut. Ces murailles ont depuis le bout jusques tout près des Battans, 17 pieds d'épaisseur, comme cela se voit par la Description du prémier & second fondement. On voit de plus, de quelle maniere les Pilotis sont placés sous les murs, & le plancher qui est entre deux à leur extrémité: l'on voit encore les Platteformes, sur lesquelles repose le plancher, de même que celles qui sont par-dessus.

N° VII.	N° VII.
A. *De Sluys voor 't lage ent te zien, met de Brug.*	A. l'Ecluse, vue par le côté bas, avec le Pont.
a. *Brugpenant.*	a. *Pile.*
b. *Walmuur, met de Penanten daar agter.*	b. *Culée*, avec les Contreforts ou Eperons derriere.
B. *De Sluys voor 't hooge of buyten-ent te zien.*	B. *L'Ecluse*, vue par le côté d'en-haut ou extérieur.
c. *Vleugel.*	c. *Aile.*
d. *Vloer.*	d. *Plancher.*

N° VIII.

N° VIII.

Coupe de l'ECLUSE, à l'endroit où sont les Conduits d'Eau.

Ces Conduits d'eau sont tout couverts par en-haut de pierres bleues ou de Bentheim, & l'endroit où les côtés des Vannes de ces Conduits d'eau montent & descendent, est depuis le bas jusqu'en-haut de pierres bleues, avec un creux dedans de 4 pouces de profondeur, & de 4 pouces de large. On voit de même les Portes à pivots sur leurs côtés, comme elles sont étant ouvertes, avec les Poulies, Cables & Vindas pour les ouvrir & fermer. Il y a à chaque Porte à pivots deux boulons avec un œil, où l'on fiche les poulies, l'une pour l'ouvrir, & l'autre pour la fermer. Il y a aussi deux Ancres dans la muraille, avec un œil à chacune, auxquelles les autres deux Poulies sont attachées pour tirer le Cable en-haut, comme l'on voit dans la Planche. Il y a encore à chaque porte à pivots deux loquets de fer, de chaque côté un, savoir l'un en-dedans & l'autre en-dehors. Ces loquets sont sur des plaques de laiton, attachés avec des vis, un peu au-dessus de la hauteur ordinaire de l'eau; & dans chaque muraille il y a un Crampon de métal, scellé dans une pierre de taille, dans lesquels ces loquets se ferment, ce qu'on montrera plus clairement. L'on trouve encore ici au-dessous trois Vindas, dessinés sur une plus grande mesure, une pour les Vannes, une pour les Portes à pivots, & une pour ouvrir & fermer les Battans; le petit

Vindas

Vindas pour ouvrir les Vannes ; les pierres de taille, de même que le seuil sur lequel tombe cette porte, se voit par le bout & par devant. Ces Vannes sont faites de deux planches chacune de deux pouces d'épaisseur, cramponnées l'une sur l'autre ; les pièces sont séparées d'un demi-pouce, parce qu'elles sont sujettes à se courber, & à s'enfler. Il y a encore au-dessus de cette Vanne un fer, avec deux larges ressorts, affermi par deux boulons, avec un œil en-haut, où est attachée la chaine qui passe par-dessus le Treuil, pour ouvrir cette porte, comme le marque la Planche. De plus on voit ici en même tems un Vindas pour les Portes à pivots, avec une piece de côté. Il y a aussi en-bas une partie d'une piece de côté ponctuée. Là tout près on voit le *Houwer* de fer, & le Lien avec le *Valet*, qui se joignent aux Essieux, comme aussi un boulon à part auquel l'on met les *Houwers*. Ceux-ci passent au travers des deux pieces de côté, pour les faire tenir ensemble par en-haut, & pour les empêcher de s'écarter ou de se resserrer. L'on voit encore ici un Vindas pour ouvrir & fermer les Battans. Les Soles sont joints par 2 Entretoises, où entrent les pieces de bout & les liens, avec tenons & mortaises, qui sont représentés ici de deux côtés. Il faut que celui de devant ait un Chapeau, pour y pouvoir faire entrer l'Essieu. On le voit encore ici par le bout, avec l'Essieu, & les Bras ou Barres dedans, & un boulon en travers, pour les tenir ensemble ; & aussi une planche par derriere, sur laquelle le bâton passe.

N° VIII.

N° VIII.
A. *De Sluys door de Verlaaten doorgesneden.*

a. *Windas.*
b. *Toldeur.*
c. *Deksteenen die over 't Verlaat komen.*

d. *Spaak.*
e. *Hengsel.*

f. *Windas voor 't ent.*
g. *Rinketdeur op zyn kant.*
h. *Drumpel voor 't ent.*
i. *Schilpad of Windas.*
k. *Rinketdeur.*

l. *Onder-drumpel.*
m. *De Rinketdeur op zyn ent, met de steenen daar dezelve doorschuyft.*
n. *Schroefbout.*

o. *Win-*

N° VII.
A. L'Ecluse coupée au travers des Conduits d'eau.

a. Vindas.
b. Porte à pivots.
c. Plinthes qui viennent au-dessus du Conduit d'eau.

d. Barre, Bras ou Levier.
e. Penture avec Charniere.

f. Vindas, par un bout.
g. Vanne sur son côté.

h. Seuil par le bout.
i. Cabestan ou Vindas.
k. Vanne, *gros ventaux de bois de chêne, lesquels se haussent & se baissent dans des coulisses, pour lâcher, ou retenir l'eau d'une Ecluse.*

l. Seuil.
m. La Vanne par le bout, avec les pierres dans lesquelles elle glisse, ou monte & descend.
n. *Les Hollandois nomment ainsi un* Boulon *ou* Goujon, *quand il est serré à vis, par le bout: &* Klinkbout *quand il est serré avec une clavette, ou qu'il est rivé au bout.*

o. Vin-

o. *Windas tot de Tol-deuren.*	o. Vindas pour les portes à pivots.
p. *Zyſtuk.*	p. Piece de côté.
q *As*	q. Aiſlieu.
r. *Windas tot de Schut-deuren.*	r. Vindas pour les battans.

N° IX.

Deſcription des POUTRES-BATTANTES pour les PORTES D'ECLUSE, avec tout ce qui y appartient.

On voit ici les deux Poutres-battantes extérieures, pour les portes de flux & de reflux; comme auſſi les Racinaux avec les Contre-fiches ou Décharges; & les portes ponctuées au fond; de même que les Renfoncemens dans leſquels ſe tournent les portes. On voit encore ici en-haut une Poutre-battante ſur ſon côté, avec les mortaiſes & les dents en dedans, où entrent les Décharges, pieces ou poutres en décharge, & la Clef, comme auſſi les Racinaux. Toutes ces pieces-là entrent avec une queue d'Aronde par en-bas, d'un pouce entier, dans les poutres-battantes. Ces poutres qui ſont au-deſſus du plancher, ſont entaillées par en-bas, chacune de la moitié, dans le Racinal. En-haut, on voit le même Ouvrage coupé près des Racinaux. Les poutres-battantes de devant, & les Pals-à-planches ſe montrent en partie ſur leurs côtés, tels qu'ils entrent par en-bas dans les poutres battantes : les Racinaux avec leurs entaillemens, tels que les repréſente la coupe dans cet endroit-là. De plus, on

voit

voit une partie des pilotis, les poutres du bout, & le plancher sur son côté; les poutres qui sont au-dessus du Plancher, & les grosses poutres des bouts, qui sont dans la muraille, où les autres entrent ou tombent, autant qu'elles sont au dehors du mur, de quoi l'on a parlé dans la Description du second Fondement; & avec elles les Pals-à-planches par devant. C'est sur celles-ci que traverse le plancher, comme on le voit dans la Planche, & comme on l'a décrit ci-devant en parlant du second Fondement.

N° IX.

a. *De Slagbalken voor 't ent.*

b. *Komplaat.*

c. *Baartplanken*, on les appelle aussi *Pal-planken*, d'où est venu le nom de Pals-à-planches, comme les nomme M. *Gautier* dans son *Traité des Ponts.*

d. *Slag-*

N° IX.

a. Les poutres battantes par le bout.

b. Racinal. *On appelle ainsi la pièce de bois dans laquelle est encastrée la Crapaudine du Seuil d'une Porte d'Ecluse.*

c. Pals-à-planches, *Dosses affûtées par un bout, pour être pilotées & pour entretenir une Fondation, un Batardeau &c. Cet affûtement est tantôt à la moitié de la planche, & tantôt en écharpe, & tout en un biais ou en un sens; pour mieux serrer les unes contre les autres; qu'on coupe en onglet, & à chanfrain, pour mieux couler dans la rainure les unes dans les autres, entre les joints des Longueraines.*

d. Pou-

d. *Slagbalk op zyn kant.*	d. Poutre-battante sur son côté.
e. *Kas.*	e. Renfoncement. *C'est un espace vuide derriere les battans, dans lesquels ils entrent en les ouvrant, pour ne pas empêcher l'écoulement des eaux.*
f. *Komplaat.*	f. Racinal.
g. *Slagbalken.*	g. Poutres, *ou* Poutres-battantes, *sont les poutres où entrent aux deux bouts les décharges à tenons & mortaises avec embrevement & à hoche, pour résister au battement des portes.*
h. *Klos.*	h. Entretoise.
i. *Koning stuk.*	i. Clef, *est la piece de bois, laquelle est arcboutée par deux décharges, pour fortifier une poutre.*
k. *Eb-Deuren.*	k. Porte de reflux.
l. *Karbeels of Puntstukken.*	l. Décharges, Pieces *ou* poutres en décharges, *sont deux pieces de bois posées obliquement & entaillées aux deux bouts, avec embrevement & à hoche, pour soulager la poutre qui est derriere.*
m. *Buyten-Deuren.*	m. Portes extérieures.
n. *De Muur.*	n. La Muraille.

N° X.

N° X.

Description des PORTES D'ECLUSE, *avec ce qui y appartient.*

Les deux portes extérieures font représentées dans cette Planche. Elles font d'une même hauteur, mais non pas d'une même largeur, parce que l'une est placée au bord, & l'autre au milieu. La porte du milieu est le Chassis de dehors, c'est-à-dire le Montant & le Pôteau-battant, la Traverse d'en-bas & celle d'en-haut, font de 14 à 18 pouces, & joints ensemble avec de doubles tenons & mortaises; aux côtés il y a une rainure de deux pouces, où entre le revêtement; les Entretoises de 10 à 12 pouces font jointes ensemble l'une sur l'autre, l'une à double & l'autre à simple tenon & mortaise. Il y a près de la porte un Montant sur le côté, avec les mortaises & rainures dedans. Par en-bas on voit le Montant & le Pôteau-battant sur leur bout, avec la Traverse d'en-bas en-dedans. Le revêtement qui vient des deux côtés au-dessus de ces portes, est ponctué. Il y a au milieu un Arbalêtrier de 3 pouces d'épaisseur, lequel est entaillé d'un pouce devant toutes les entretoises, de même qu'en-bas & en-haut, devant ou dedans les rainures. L'Arbalêtrier est tout auprès, avec ses entaillures. Cet Arbalêtrier & tout le revêtement doivent être non seulement attachés avec des cloux, mais aussi bien joints ensemble sur les entretoises avec des chevilles de bois, autant qu'ils entrent dans l'eau. Les portes étroites qui viennent aux côtés de l'Ecluse, le Montant & le Poteau-battant, de même que les Traverses d'en-bas & d'en-haut de 9 à 11 pouces, les Entretoises de 6 à 8 pouces, seront jointes chacune à simple tenon & mortaise; le revêtement sera d'un pouce & demi d'épaisseur, & l'Arbalêtrier de 2½. Le Poteau-battant est sous cette porte, avec ses Décharges & Racinaux, qui y entrent d'un côté; la porte est ponctuée: à l'autre porte on voit le Montant & le Poteau-battant avec la Traverse d'en-bas entre deux, cela est ponctué depuis le fondement jusqu'à la porte. De plus, on voit encore sur les Racinaux les Renfoncemens, dans lesquels les portes tournent. On voit encore au-dessous de ces deux portes une partie des Poutres-battantes & des Pals-à-planches. La porte du milieu doit avoir en-bas vers les Décharges, 6 pouces de battement; mais les portes étroites 5 pouces seulement. Le creux, qui est par dessous dans la poutre-battante, est ponctué par-dessus. On voit encore ici, d'après une plus grande mesure, une partie de deux Racinaux, l'une pour la petite porte, & l'autre pour la grande, avec la queue d'aronde qui entre par en-bas dans les Poutres-battantes. On voit dans ces Racinaux les Crapaudines de métal, dans lesquelles les portes tournent par en-bas; la plus grande Crapaudine est tout autour de métal, & l'arbre a 1 pouce & ¾ d'épaisseur, avec une pointe pour pouvoir tourner; la petite Crapaudine de métal à 1 pouce & ¾ d'épaisseur. Il faut que ces Crapaudines soient enfoncées bien fort avec une Demoiselle dans les Racinaux. L'on voit encore ici dans les plus basses Crapaudines, les petites Crapaudines qui se joignent par en-bas aux Montans. Celles-ci sont octogones par-dedans, le

métal

métal d'un pouce & un quart d'épaisseur, & les petites d'un pouce. Au-dessus on voit les Racinaux, & les Crapaudines coupées, telles qu'elles sont posées l'une dans l'autre, avec une partie des Montans dedans. Plus haut, l'on voit les Montans de bout, avec les Crocettes en-dedans, les Etriers ou Collets de fer autour, & les Ancres dedans, lesquelles sont engagées dans le mur pour les tenir fermes. Ces Etriers de fer sont faits avec des boulons dégagés, afin de les pouvoir ôter, pour mettre & ôter les portes. On voit aussi de chaque côté deux Etriers de fer, deux pour la grosse & deux pour la petite porte; dont l'un tient par derriere autour du Montant, & est arrêté au travers de la Traverse d'en-haut avec deux boulons; les autres tiennent en-haut autour des Pôteaux-battans, & ont deux yeux ou œillets, où l'on attache le cable & le bâton, pour ouvrir & fermer les portes. Les Pals-à-planches sont encore représentés ici de trois manieres, savoir à queues d'aronde, à languettes & à onglet, comme l'on voit dans la Planche: toutefois les queues d'aronde ne valent rien aux planches de 3 pouces; mais à celles de 5, comme sont celles-ci, elles sont fort bonnes.

N° X.

a. *Boven-Drumpel.*
b. *Onder-Drumpel.*
c. *Harder.*

N° X.

a. Traverse d'en-haut.
b. Traverse d'en-bas.
c. Montant, *est la piece de bois au bout d'un battant où sont les pivots qui tournent par en-bas dans une Crapaudine, & par en haut dans un E-*
trier

	trier ou Collet de fer. Mr. Belidor le nomme au Pont-levis, Piece qui porte les tourillons.
d. *Slag-styl.*	d. Poteau-battant, *est la piece de bois de devant un battant, laquelle se joint avec le bout de devant de l'autre battant, quand la porte se ferme, & forme un angle obtus pour pouvoir mieux résister à la force de l'eau.*
e. *Riggels.*	e. Entretoises.
f. *Zwaart.*	f. Arbalêtrier.
g. *Harder op zyn kant.*	g. Montant sur son côté.
h. *Zwaart.*	h. Arbalêtrier de l'autre côté, avec les entailles.
i. *Slagbalk.*	i. Poutre-battante.
k. *Komplaat.*	k. Racinal.
l. *Baartplanken.*	l. Pals-à-planches.
m. *Onder-Drumpel.*	m. Traverse d'en-bas.
n. *Harder.*	n. Montant.
o. *Slagstyl.*	o. Poteau-battant.
p. *Baart of Palingplanken.*	p. Pals-à-planches.
q *Beugel om de Harder en Boven-Drumpel.*	q. Etrier ou Collet de fer du Montant & de la Traverse d'en-haut.
r. *Klinkbouten.*	r. Boulon ou Goujon: *sur ce mot voyez ci-dessus le mot* Schroefbout, N° VIII. *lettre* n.
s. *Bant boven aan de Slagstyl.*	s. Lien de fer au haut du Poteau-battant.
t. *An-*	t. An-

de Pont-Levis, &c.

t. *Ankers.*	t. Ancres.
u. *Hartsteenen.*	u. Pierres de taille.
w. *Beugel.*	w. Etrier ou Collet de fer.
x. *Vier Scheenen.*	x. Quatre Crocettes.
y. *Drie Scheenen.*	y. Trois Crocettes.
z. *Een gedeelte van de Harder.*	z. Une partie du Montant.
1. *Een gedeelte van de Komplaaten.*	1. Une partie des Racinaux.
2. *Boven-Drumpel.*	2. Traverse d'en-haut.
3. *Onder-Drumpel.*	3. Traverse d'en-bas.
4. *Harder.*	4. Montant.
5. *Slag-styl.*	5. Poteau-battant.
6. *Riggels.*	6. Entretoises.
7. *Zwaart.*	7. Arbalêtrier.
8. *Slagbalk.*	8. Poutre-battante.
9. *Komplaat.*	9. Racinal.
10. *Baart-planken.*	10. Pals-à-planches.
11. *Slag-balk.*	11. Poutre battante.
12. *Puntstukken.*	12. Décharges : *sur ce mot voy. ci dessus N° IX. let. l.*
13. *Kas.*	13. Caisse.

N° IX.

Description des deux PORTES à PIVOTS, *une grande & une petite, avec ce qui y appartient.*

Prémierement on voit les Poutres-battantes d'en-bas, avec les rainures dedans. Ces rainures doivent avoir 7 pouces de profondeur, & un battement ou une feuillure aux côtés des Quais, à l'endroit où ces portes reçoivent leur battement, l'une en-dedans & l'autre en-dehors, comme on peut le voir dans la Planche. On voit au milieu les Crapaudines de métal, dans lesquelles ces portes entrent par en-bas en tournant. Il y a encore vers le Soliveau battant, deux Arbalêtriers, l'un en-dedans, & l'autre en-dehors, & quatre vers la grande poutre-battante, deux en-dedans & deux en-dehors, pour assurer les battemens, dont les deux du milieu servent aussi à ces mêmes battemens, quand on ouvre ces portes, afin de ne les pas trop ouvrir; par cette raison il faut qu'ils soient un peu couchés de biais, à proportion des portes, parce que celles-ci sont plus minces aux côtés qu'au milieu. Les portes sont ponctuées sur le fond, de la maniere qu'elles sont étant ouvertes, & aussi comme elles sont étant fermées. La poutre-battante est ponctuée de même. On voit encore cet Ouvrage coupé par le milieu; la poutre-battante par le bout, avec la rainure & la crapaudine dedans, le Plancher & les Pals-à-planches sur leur côté. Au-dessus de ceci on voit deux portes à pivots, l'une étroite & l'autre large, avec des rainures, & les entretoises dedans, & les Arbalêtriers par-dessus. De plus, le revêtement ponctué; le Chassis extérieur de ces deux portes à pivots consistant en deux Traverses, l'une en-haut & l'autre en-bas, & trois poteaux, dont celui du milieu est enchassé par doubles tenons & mortaises, & ceux qui sont à l'extrémité, comme étant plus minces, ne sont qu'à simple tenon & mortaise. Au-dessus il y a un Linteau ou Traverse d'en-haut, avec des mortaises & rainures dedans; au-dessus sont couchés deux poteaux, un du milieu, & un autre du bout, avec les tenons & mortaises & rainures dedans, où

entrent

entrent les entretoises & le revêtement. Les petites portes ne sont faites qu'à simple tenon & mortaise. Au haut de ces portes on met deux Etriers ou Collets de fer, savoir un de chaque côté, lesquels sont attachés avec des boulons au travers des poteaux corniers. La poutre-battante se voit ici dessous sur le côté, avec la rainure & les battemens. D'un côté ce battement ou feuillure est ponctuée à l'endroit où elle est derriere la porte, & de l'autre côté la porte est ponctuée derriere le battement ou la feuillure. Ces portes doivent avoir 5 pouces de battement en-bas, & 2 pouces de libre pour se mouvoir; cela fait 7 pouces en tout pour la profondeur de la rainure dans les Poteaux-battans. On voit encore au-dessus des portes, les Poutres dans lesquelles elles entrent par en-haut en tournant. Dans ces Poutres il y a une Crapaudine de métal, laquelle est représentée ici à côté sur une plus grande mesure, de même que toute la ferrure & le métal appartenant à ces portes. On voit ici en premier lieu les Poutres par le bout, dans lesquelles cette porte à pivots entre par en-haut en tournant, avec la Crapaudine de métal dedans; la Traverse d'en haut, avec une partie du Poteau du milieu dedans; comme aussi la Couronne de métal ou de fer qui tourne dans cette Crapaudine, avec deux ressorts, lesquels du côté des Quais sont entaillés par en-haut, & attachés avec un boulon. La Crapaudine se voit ici dessous, de même que la Couronne, par la tête ou par en-haut. On voit encore ici au bout une Poutre-battante d'en-bas, avec la Crapaudine de métal dans laquelle se trouve la Traverse d'en-bas avec une partie du Poteau du milieu dedans, & le Pivot qui y tient, lequel doit aussi être de métal, & enchâssé dans la Traverse d'en-bas, du côté des Quais; néanmoins il ne doit pas être égal par en-bas, mais il faut qu'il déborde le bois de ¼ de pouce; de même aussi la Crapaudine qui est au-dessous de la poutre battante, ne doit pas entrer également par en-haut, mais elle doit rester dehors d'un pouce. Le Pivot qui est au bas de la porte à pivots, & la Crapaudine qui entre par en-bas dans la poutre-battante, ne doivent entrer l'un dans l'autre, qu'au milieu, & être séparés l'un de l'autre par le côté, d'un quart de pouce, comme on le peut voir dans la Planche. On voit encore ici dessous la Crapaudine, vue par en-haut; & le Pivot qui tourne dans cette Crapaudine, vu par sa tête. L'on trouve encore ici une pierre de taille avec une rainure dedans, où ces portes à pivots entrent de deux côtés; comme aussi la Gâche de métal dedans, dans laquelle les loquets se ferment. De plus on voit encore ici un des loquets que l'on met à ces portes, & dont il a déja été fait mention ci-devant dans la Description du Nº VIII. On voit encore au-dessus un Étrier ou Collet de fer qui tient au haut des portes à pivots, pour retenir ensemble la Traverse d'en-haut & les Poteaux corniers.

Nº XI.   Nº XI.

a. *Boven-Drumpel op zyn kant.*
a. Traverse d'en-haut sur son côté.

b. *Balk daar de Toldeur boven in draait.*
b. Poutre dans laquelle entre par en-haut la porte à pivots, en tournant.

c. *Boven-Drumpel.*
c. Traverse d'en-haut.

d. *On-*
d. Tra-

d. *Onder-Drumpel.*	d. Traverse d'en-bas.
e. *Buytenstyl.*	e. Poteau cornier.
f. *Middel of Koningstyl.*	f. Poteau de fond, ou du milieu.
g. *Riggels.*	g. Entretoises.
h. *Zwaart.*	h. Arbalêtrier.
i. *Buytenstyl op zyn kant.*	i. Poteau cornier sur son côté.
k. *Middelstyl op zyn kant.*	k. Poteau du milieu sur son côté.
l. *Slagbalk.*	l. Poutre-battante.
m. *Vloer voor 't ent.*	m. Plancher par le bout.
n. *Een gedeelte van de Baartplanken.*	n. Une partie des Pals-à-planches.
o. *De Slagbalk voor 't ent, met de Kom daar in.*	o. La poutre battante du bout, avec la Crapaudine dedans.
p. *Swalphouten voor 't ent.*	p. Poutres des bouts.
q. *Kespen voor 't ent.*	q. Platte-formes des bouts.
r. *Een gedeelte van de Masten.*	r. Une partie des Pilotis.
s. *Deze dient voor aanslage als de Toldeur open gaat.*	s. Celui-ci sert de battement, lorsque la porte à pivots s'ouvre.
t. *Klossen om deze aanslagen te styven.*	t. Arbalêtriers pour fortifier ces battemens.
u. *Aanslag.*	u. Battement.
w. *Slagbalk van boven.*	w. Poutre-battante par en-haut.
x. *Metale Kom.*	x. Crapaudine de métal.
1. *Bovenbalk voor 't ent.*	1. Poutre d'en-haut au bout.
2. *Metale Bos.*	2. Crapaudine de métal.
3. *Metale Kroon.*	3. Couronne de métal.
4. *Schroef-*	4. Bou-

4. *Schroefbout.*	4. Boulon ou Goujon.
5. *Metale Bos.*	5. Crapaudine de métal.
6. *Metale Kroon voor zyn kop.*	6. Couronne de métal vue par sa tête.
7. *Pennen.*	7. Pivots.
8. *Onder - Drumpel voor 't ent.*	8. Traverse d'en-bas, par le bout.
9. *Metale Kop.*	9. Tête de métal.
10. *Metale Kom.*	10. Crapaudine de métal.
11. *Slagbalk voor 't ent.*	11. Poutre-battante, par le bout.
12. *Groef voor de Baart-planken.*	12. Creux pour les Pals-à-planches.
13. *Metale Pot of Kom.*	13. Crapaudine de métal.
14. *Metale Kop die in deze Kom draait, voor zyn kop te zien.*	14. Tête de métal, qui tourne dans cette Crapaudine, vue par sa tête.
15. *Yzere Beugel die boven aan de Toldeuren komt.*	15. Etrier ou Collet de fer, qui vient au haut des portes à pivots.
16. *Klinkbouten.*	16. Boulons ou Goujons.

Men ziet hier al het Yzer en Metaal, dat tot de groote Toldeur behoort en na een grooter Voetmaat geteekent, ook de Slagbalken en de onder en boven-Drumpel, met een gedeelte van de Styl daarin; en hoe dit Yzer

L'on voit ici tout le Fer & le Métal qui appartient à la grande porte à pivots, & qui est dessiné d'après une plus grande mesure; comme aussi les Poutres-battantes, & la Traverse d'en-bas & d'en-haut, avec une partie du Poteau dedans; & comment cette ferrure & ce mé-

Tzer en Metaalwerk in de Slagbalken en aan de onder en boven-Drumpel gewerkt moet worden. De kleine Deur is even eens, maar wat ligter.	métal doit être attaché dans la Poutre-battante, & à la Traverse d'en-bas & d'en-haut. La petite Porte est toute pareille, mais un peu plus légere.
17. Deze is 5 duym, en op de andere Slagbalk staat 6 duym. Hier mede word de Sponning aangetoont die van onderen tot boven in de Muuren zyn, daar deze Toldeuren in slaan.	17. Celle-ci est de 5 pouces, & sur l'autre Poutre-battante sont marquées 6 pouces. Par-là est indiquée la rainure, qu'il y a depuis le bas jusqu'en-haut dans les murailles, où ces Portes à pivots battent ou se ferment.
18. Klink die aan de Toldeuren komt.	18. Loquet qui vient aux Portes à pivots.
19. Hartsteen met de metale Neus daar in.	19. Pierre de taille avec la Gâche (Stevin l'appelle aussi Nez) de métal en dedans.

N° XII.

On montre sur cette Planche, de deux façons, la maniere de découvrir, moyennant une distance donnée, jusqu'où le POINT doit être posé.

Ces deux manieres sont peu différentes l'une de l'autre. Il faut, pour les trouver, tirer premiemierement une ligne au milieu, comme on a fait ici; & tracer sur cette ligne du bout de devant de la Poutre-battante, la moitié de la largeur de l'Ecluse en arriere; & puis prendre la distance diagonalement, comme depuis A. jusqu'à B. Cette distance doit être tracée sur la ligne du milieu en arriere, depuis le bout de devant de la Poutre-battante; vous poserez là le compas & vous l'ouvrirez jusqu'en B. pour en tirer une portion de cercle; ensuite vous poserez le point comme on a fait ici; cela vous donne un point juste. De l'autre façon on le trouve par les cinq points ou le Triangle de Pythagore, c'est-à-dire, qu'il faut diviser la moitié de la largeur de l'Ecluse en trois parties, & puis tracer du bout de devant du Pôteau-battant, sur la ligne du milieu, quatre de ces parties en arriere, c'est-à-dire diagonalement cinq parties. Vous poserez ensuite là le compas, & vous tirerez une portion de cercle comme vous avez fait ci-devant; cela donne aussi un très bon point. L'armature des Décharges doit être placée vers le côté de devant des décharges, par entaille, ce que démontre l'Equerre qui est posée dessus. On voit encore, tant au côté extérieur de la Poutre-battante, qu'au côté intérieur des décharges, de même qu'aux deux côtés de la clef, une rainure pour serrer ces angles ou pointes, par une planche de deux pouces & demi d'épaisseur. Il y a encore ici une décharge étalée en particulier & ponctuée jusqu'à la Poutre-battante, laquelle est aussi tournée ou renversée les tenons & les mortaises en-haut. Il y a aussi une ligne de $\frac{3}{4}$ de pouce ou d'un pouce, marquée depuis le côté bas de la décharge, par laquelle on représente le côté d'en-haut du plancher, & l'on montre

tre que ces décharges doivent être enchâssées de ¼ de pouce ou d'un pouce dans le plancher. De plus il y a ici tout près une clef, laquelle est aussi tournée ou renversée pour la voir par le côté ; le tout étant ponctué, afin de mieux voir de quelle maniere ces pieces doivent être jointes ou assemblées : ces lignes ponctuées donnent beaucoup de lumiere pour pouvoir comprendre la chose plus promtement & plus commodément.

N° XII.

a. *Boven-kant van de Vloer*.	a. Côté d'en-haut du Plancher.
b. *Koning stuk*.	b. Clef.
c. *Koningstuk op zyn kant*.	c. Clef sur son côté.
d. *Sponningen*.	d. Rainures.

N° XIII.

Description du PONT.

On a représenté très distinctement sur cette Planche, un Pont-levis, avec l'Assemblage ou le Chassis & la Bascule, & comment cette Bascule doit être mise & posée en équilibre. On montre aussi très distinctement sur la Planche suivante, selon une plus grande échelle, toute la ferrure qui appartient à ce Pont-levis, au Chassis & à la Bascule ; ce qui plaira sans doute au Lecteur.

En prémier lieu, on voit au bas le Pont-levis assemblé. Les Poutrelles, Longerons ou Soliveaux

veaux doivent être un peu plus pesans auprès de la piece qui porte les tourillons, que par-devant près du Soliveau à chaine, pour faire ensorte que le Pont-levis soit aussi leger qu'il est possible: on peut aussi faire les Poutrelles du côté d'en-haut un peu rondes, pour leur donner plus de force. Ces Poutrelles sont attachées sur le devant au Soliveau à chaine, par des boulons, savoir un boulon à chaque poutrelle, lesquelles sont fichées par derriere, avec tenon & mortaise, dans la piece qui porte les tourillons, & doivent être posées deux pouces plus bas que n'est le côté d'en-haut de la piece qui porte les tourillons, parce que ce Pont-levis est couvert de planches ou d'ais de deux pouces d'épaisseur, lesquelles planches doivent par en-haut être égalées avec la piece qui porte les tourillons. Cela se fera encore mieux connoitre dans la Planche suivante. Il y a encore par derriere à la piéce qui porte les tourillons, un boulon à crampons à chaque poutrelle, lesquels boulons sont attachés par des crampons auxdites poutrelles. Il y a encore sur le côté d'en-haut de la piece qui porte les tourillons, deux fers, savoir un à chaque bout, qui doivent être éloignés de 2 pouces du derriere de la piece qui porte les tourillons. Ces fers sont ronds jusques-là, parce qu'il faut qu'ils tournent dans les mains de fer; mais il y a à l'autre bout un ressort plat, & ils sont enchâssés de $\frac{3}{4}$ ou d'un pouce dans la piece qui porte les tourillons attachés par deux boulons. L'on met encore aux bouts de ceux-ci, un Etrier ou Collet de fer, qui doit être enchâssé tout à l'entour, & qui renferme tout le contour de ces fers; & c'est aussi pour cela que ces fers doivent être quarrés à l'endroit où où ils entrent dans ces Etriers ou Collets de fer. Il faut encore qu'il y ait à chaque Etrier, trois petites mains de fer, pour les tenir fermes, lesquelles doivent être enchaffées & égales au bois: la longueur de cette piece qui porte les tourillons, doit être prife de maniere que les mains de fer, dans lesquelles pend le Pont-levis, soient à peu près au milieu des Poteaux-montans du Chaffis.

On voit ici a côté l'Affemblage ou le Chaffis, qui eft ponctué jufqu'au feuil, fur lequel il doit être pofé. Ce chaffis eft affemblé par doubles tenons & mortaifes; il faut qu'il y ait une rainure dans ces poteaux, auffi loin que vont par en-haut les dents des Effeliers; comme auffi aux deux côtés du Linteau, pour affermir cet Affemblage ou Chaffis avec des aix de l'épaiffeur d'un pouce, auffi loin que s'étend l'arc par en-haut. Il fuffit que la traverfe, qui eft entre les Effeliers, foit à fimple tenon & mortaife. Les Blochets que l'on voit dans le derriere des Effeliers vers le Linteau, fervent pour tenir ferme l'un des boulons de la fourche. De plus, on voit encore au deffus de cet Affemblage ou Chaffis, les Fleches de la Bafcule ponctuées. On voit auffi au-deffus de ce Pont-levis, & de l'Affemblage ou Chaffis, l'élévation entiere, le Chaffis élevé, la Bafcule deffus, & les Chaines qui y font attachées. Maintenant pour trouver la longueur du bout de devant des fleches, on prend la mefure depuis le milieu de l'œil de la main de fer, jufqu'au milieu de l'œil de l'Etrier de fer qui eft au Soliveau à chaine. Ceci eft la longueur du bout de devant de la Bafcule du milieu de l'œil de la fourche. Pour trouver enfuite la longueur des Chaines, l'on met le compas fur l'œil de la fourche, pour tirer un cercle depuis la Baf-

C cule

cule en-haut; & en-bas l'on pose de même le compas, sur l'œil de la main de fer, où l'on trace aussi un cercle, depuis l'œil de l'Etrier ou Collet de fer qui est au Soliveau à chaîne; & après par en-haut entre les deux cercles où la chaîne est ponctuée, & on aura la longueur desdites chaînes. On peut bien faire pancher un peu le Pont-levis par-devant, de la maniere qu'on l'a aussi pratiqué ici ; ce qui est très-bon pour garantir le Pont de l'enfoncement, de même que pour l'abaisser, parce qu'alors il s'aide d'abord lui-même. Pour avoir aussi la longueur de l'extrémité du derriere de la Bascule, on voit ici une ligne ponctuée qui part de l'œil de la main de fer & tire en-haut, jusqu'à la moitié de la hauteur du Chassis, & ensuite depuis cette ligne jusqu'à la chaîne. Ceci doit être la longueur de l'extrémité du derriere de la Bascule, à mesurer depuis l'œil de la fourche, jusqu'au milieu des boulons sur lesquels l'équilibre tourne; ils doivent être éloignés d'en-bas d'un tiers de cette longueur, c'est-à-dire, que si les fleches étoient de 12 pouces, il faudroit que le milieu des boulons fût à 4 pouces du bas. On peut encore, si l'on veut, mettre la Bascule un peu plus de biais, pourvu qu'on prenne l'Etrier de fer qui est par-devant la poutrelle de la chaîne, un peu plus court de pointe: la chaîne s'allongeroit alors par en-bas, & elle peut être autant racourcie par en-haut, de sorte que la chaîne ait pourtant la même longueur. Mais la Bascule en devient d'autant plus droite; car si l'on ne raccourcissoit que d'un chaînon la pointe de cet Etrier de fer, ce chaînon étant de 5 pouces, il faudroit que la Bascule fût posée plus droite d'environ 10 pouces.

Il y a encore au-dessus de la Bascule, de même qu'à

qu'à côté, selon une plus grande Echelle, une partie de la Culasse, & une partie d'une Flêche, afin que l'on puisse voir comment les tenons & les mortaises sont assemblés. Ces bouts ou Coins sont aussi attachez l'un à l'autre avec des boulons. Ces boulons sont fichés en croix, les uns au travers des autres, & attachés par dehors avec des vis. L'entretoise des tourillons doit être éloignée d'un cinquieme de toute la longueur du derriere de la Bascule; & le derriere de la Bascule doit être aussi revêtu par en-haut & sur les fleches, d'une Parclose ou Chapeau. Cette Parclose doit être un peu plus mince sur le devant que sur le derriere.

N° XIII.

a. *Brugbint.*

b. *Karbeel.*
c. *Kalf.*
d. *Arm.*
e. *Sloof.*
f. *Harder.*

g. *Krambouten.*
h. *Leggers.*
i. *Sloof.*
k. *Kettingbalk.*
l. *Wervel.*
m. *Yzere bant.*
n. *Bint.*
o. *De Midden van 't oog.*
p. *Schooren.*
q. *De lengte van 't agter-ent*

N° XIII.

a. Assemblage ou Chassis du Pont.
b. Lien, ou Esselier.
c. Traverse.
d. Fleche.
e. Seuil.
f. Piece qui porte les tourillons.
g. Boulons à Crampons.
h. Poutrelles.
i. Seuil.
k. Poutre à chaine.
l. Tourillon.
m. Lien de fer.
n. Assemblage ou Chassis.
o. Le milieu de l'œil.
p. Liens en guette.
q. La longueur de la partie

ent van de Wip.

- r. Ruyter de paart.
- s. Klink.
- t. Wip.
- u. Dek plank.
- w. Plaat.
- x. Schroef-bouten.
- 1. Agterste Broekstuk.
- 2. Karbeels.
- 3. Broekstuk.
- 4. De Armen.
- 5. 't Bint van boven.

tie de derriere de la Bascule.
- r. Fourche.
- s. Ressort en loquet.
- t. Bascule.
- u. Chapeau, Parclose.
- w. Plaque.
- x. Boulons ou Goujons.
- 1. Culasse.
- 2. Liens.
- 3. Chevêtre.
- 4. Les Fleches.
- 5. Le chassis par en-haut.

N° XIV.

Description de la FERRURE qui appartient au PONT-LEVIS, au CHASSIS, & à la BASCULE.

Le nom de chaque piece étant écrit auprès, comme on l'a fait aussi sur la Planche précédente où l'on voit l'Ouvrage en entier, on connoitra sans peine à quoi cette ferrure appartient : ainsi il n'est pas necessaire d'en faire une ample Description. On voit ici au bas une partie d'un poteau-montant du Chassis, avec la main de fer dedans, & trois boulons à travers; de même que la piece qui porte les tourillons au bout, avec une partie d'une poutrelle dedans, de la maniere qu'elle y doit être mise : il y a aussi au-dessous un goujon à crampon qui passe au travers de la piece qui porte les tourillons, & va joindre les poutrelles.

A

A côté est l'Etrier qui est placé au bout de la piéce qui porte les tourillons, avec de petites mains pour la tenir ferme. Au-dessus est le fer que l'on met sur cette piece qui porte les tourillons, & au travers de cet Etrier, les deux goujons, avec lesquels doit être attaché le fer qui passe par les pieces qui portent les tourillons : tout cela est ponctué, pour marquer de quelle maniere ces pieces se joignent & s'enchassent l'une dans l'autre. On voit en-haut une partie d'un Linteau du Chassis, avec une partie du Poteau-montant du Chassis, une fourche, & les boulons en travers. A côté l'on voit deux fourches par derriere, avec l'Etrier entre deux qui vient autour des fleches de la Bascule, & le boulon au travers. On voit encore sur cette Planche un Etrier, qui tient au Soliveau à chaine: celui-ci doit aussi être attaché par de petites mains de fer. Enfin, un Etrier qui tient par-devant à la Bascule; & deux Loquets, chacun de différente façon. Ces Loquets doivent être attachés par de petits goujons.

N° XIV.

a. *Beugel voor aan de Wip.*
b. *Beugel die om deze Bout draait.*
c. *Ruyter de Paart van agteren.*
d. *Dit Yser word van boven ingestoken.*
e. *Dek-plank op 't Bint.*
f. *Op zy te zien.*
g. *Boven Drumpel.*
h. *Pen-*

N° XIV.

a. Etrier du devant de la Bascule.
b. Etrier qui tourne autour de ce boulon.
c. Fourche, vue par derriere.
d. On enfonce ce fer par en-haut.
e. Chapeau sur le Chassis.
f. Vu de côté.
g. Linteau.
h. Pi-

h. *Pennen.*	h. Pivots.
i. *Schroef-bouten.*	i. Boulons.
k. *Het Yzer dat boven op de Harder komt, en in de Yzere Hand draait.*	k. Le fer qui vient au dessus de la piece qui porte les tourillons, & qui tourne dans la main de fer.
l. *Yzere Hand, met de Schroefbouten daar deze Hand mede vast gemaakt wordt.*	l. Main de fer, avec les boulons par lesquels cette main de fer est attachée.
m. *Klink op zyn kant te zien.*	m. Loquet vu par le côté.
n. *Twee Klinken.*	n. Deux Loquets.
o. *Yzere Hantjes om deze Beugel vast te houden.*	o. Petites mains de fer pour tenir ferme cet Etrier.
p. *Beugel die aan 't Kettingbalkje komt.*	p. Etrier qui tient au Soliveau à Chaine.
q. *Beugel die aan de Harder komt.*	q. Etrier qui tient à la piece qui porte les tourillons.
r. *Styl van 't Bint, op zyn kant te zien.*	r. Poteau-montant du Chassis, vu par le côté.
s. *De Harder voor 't ent.*	s. La piece qui porte les tourillons, vue par le bout.
t. *Legger van 't Val.*	t. Poutrelle du Pont.
u. *Krambout.*	u. Boulon à crampons.

N°. XV.

N° XV.

Planche qui représente la maniere de poser la BASCULE sur l'ASSEMBLAGE ou le CHASSIS du Pont-levis.

Cette maniere est représentée ici si parfaitement & si distinctement, qu'il n'est pas nécessaire de la décrire plus amplement.

N° XV.	N° XV.
Vertoning op wat wyze de Wip op 't Bint gebragt wordt.	Représentation de la maniere dont on s'y prend pour poser la Bascule sur le Chassis.

N° XVI.
DESCRIPTION
D'UNE
ECLUSE DE BOIS,

Avec trois paires de PORTES, *qui servent à retenir l'eau, ou avec la longueur entiere de* L'E-CLUSE, *ou avec la moitié, selon qu'on le juge à propos.*

I. *Du* FOND DE HIAGE, *&* des PLATTE-FORMES *que l'on met dessus*.

CEs Platte-formes doivent être posées, avec tenons & mortaises, sur les Pilotis, & bien serrées avec des cloux; ou autrement, au-lieu de les attacher avec des cloux, l'on peut faire des mortaises du côté d'en-haut qui soient un peu

plus

plus amples que la largeur des tenons, & puis y ficher par en-haut trois ou quatre petits coins, de forte que ce tenon devienne une queue d'a-ronde dans la mortaife, ce qui fert très efficacement à empêcher que les platte-formes ne remontent.

II. Des *PILOTIS*.

Ces Pilotis n'ont à la vérité rien de pefant à porter, mais il eft néceffaire qu'ils tiennent affez ferme au fond, afin que tout l'ouvrage, qui tend extrêmement à remonter fur l'eau ou à éventer, y foit fermement attaché.

On voit encore aux deux bouts & au milieu, les Pals-à-planches qui entrent par en-bas de trois pouces de profondeur dans le feuil-battant: ces planches ou doffes doivent être pour le moins de trois pouces d'épaiffeur, & enchaffées l'une dans l'autre. Pour ce qui regarde la longueur, on ne la fauroit déterminer, vu que les fonds font fort inégaux; car il y en a de fort bons, & de moins bons. Il faut feulement obferver que ces planches foient toujours de longueur à pouvoir entrer pour le moins de 4 ou 5 pieds dans un bon fond, pour que l'eau ne puiffe pas paffer par deffous; & en cas que ce foit un bon fond de terre glaife, elles ne doivent être en tout que de 7 à 8 pieds de longueur, & dans le fable elles peuvent être encore plus courtes. Il faut auffi prendre garde fi l'eau qui paffe a beaucoup de courant, car cela pourroit bien caufer avec le tems plus de profondeur au dehors de l'Eclufe; & pour cette raifon on fait bien de ficher les Pals-à-planches qui sont aux extrémitez, un peu plus avant dans la terre que les autres, afin qu'ils n'éventent pas.

On voit encore la Sabliere ponctuée, par dessus les Platte-formes. Il est aussi très nécessaire que celle-ci soit bien affermie sur les Platte-formes, puisque les poutres qui sont posées en travers sur le plancher, pour le tenir bas, doivent être assujetties dans cette Sabliere. C'est pourquoi elle ne peut pas être mieux affermie sur les Platte-formes que par des queues d'Aronde ; mais non pas de celles où l'on fiche seulement la Sabliere de haut en bas, parce que cela n'empêcheroit pas l'éventement, mais de cette maniere, ☞ ▮ ; de sorte qu'alors cette Sabliere doit être enchassée par les bouts des Platte-formes.

A côté de ce fond de Hiage, on a représenté un Chassis de fond. Il est très nécessaire de faire un lien de deux en deux, ou de trois en trois de ces poteaux & poutres, pour empêcher l'affaissement du fond : outre cela, on peut encore poser une Ancre de 12 ou 14 pieds de longueur, de deux en deux, ou de trois en trois poteaux. Ces poutres entrent avec une dent dans la Sabliere, de la profondeur d'un pouce. On voit encore ici le revêtement & le plancher par le bout de devant : les Platte-formes sont entaillées en cet endroit d'un pouce, sur les Pilotis, ce qu'on peut faire, ou laisser.

Au-dessus de ce fond de Hiage est représentée l'Ecluse, vue par en-haut ; mais pour ne pas couvrir tous les poteaux, on en a ôté le Chaperon, si bien qu'on voit à présent les Poteaux debout, & la Sabliere dans laquelle ces poteaux entrent avec tenons & mortaises, & qui sont affermis

ou

ou attachés dessus par des cloux ; outre cela les Chassis-battans, avec leurs Liens, Décharges & Clefs qui sont dedans. Les Pals-à-planches qu'on voit ici debout, coulent avec une queue d'Aronde du haut en bas dans les Poteaux-battans ; & le revêtement qu'on voit ici par le côté, de même que le plancher, doivent se joindre par les bouts, tout près des Pals-à-planches. On peut prendre pour ce plancher & pour le revêtement, des planches de 2 pouces ou de 2 pouces & demi d'épaisseur ; mais il faut les bien joindre l'une contre l'autre.

On voit encore ici un Seuil-battant étendu, avec une partie de la Sabliere, & les Racinaux & les Crapaudines de métal dedans ; & au haut du Seuil-battant, les mortaises & les dents, où les liens & les poteaux-battans entrent. Il y a tout à côté un Chassis-battant avec les mortaises & les dents du Seuil-battant, où entrent la Clef & les Décharges, de même qu'un Poteau-battant sur le côté, avec les mortaises & tenons. L'on voit encore au-dessus de ce Chassis-battant, un Poteau-battant par le bout, avec l'Etrier ou Coller de fer, auquel la porte est pendue. Cet Etrier de fer est attaché par quatre boulons. Ces Poteaux-battans doivent avoir aux deux côtés extérieurs, un cavet ou demi-creux, afin que la piece qui porte les tourillons de la porte, s'y emboîte, comme on le voit aux bouts des Poteaux-battans.

Au-dessus de ceci, l'on voit l'Ecluse coupée par le milieu, avec deux portes ouvertes, & une autre qui est fermée ; les Vindas au-dessus, pour les pouvoir ouvrir & fermer, comme aussi pour lever les Vannes. Plus, les aix du plancher &
les

les Pals-à-planches sur le côté; la Sablière, les poutres & les Seuils-battans par le bout, & de quelle maniere ces Pals-à-planches entrent par en-bas avec un creux dans les Seuils-battans.

On y voit encore l'Ecluse coupée près d'un Chaffis-battant, avec les portes qui y tiennent: on a omis le revêtement d'une de ces portes, pour pouvoir voir l'Arbalêtrier, les entretoises & les rainures. De plus on voit comment ce Chaffis est entouré de Pals-à-planches, tant par en-bas que par les côtés. Il n'est pas néceffaire d'ajouter rien touchant les pieces de fer ou de métal, tout cela aiant été parfaitement bien expliqué dans la Defcription de l'Ecluse de maçonnerie, de laquelle celle-ci differe fort peu.

N° XVI.   N° XVI.

A. *De Sluys doorgefneden.*	A. Coupe de l'Ecluse.
a. *Sloof of Plaat met Pen en Gat op de Stylen.*	a. Chaperon avec tenon & mortaise sur les poteaux.
b. *Onder-Sloving.*	b. Sabliere.
c. *Vloer op zyn kant.*	c. Plancher sur son côté.
d. *Baartplanken.*	d. Pals-à-planches.
B. *De Sluys van boven te zien.*	B. L'Ecluse, vue par en-haut.
e. *Slag-Drumpel.*	e. Seuil-battant.
f. *Puntflukken.*	f. Décharges.
g. *Stylen.*	g. Poteaux.
h. *Komplaat.*	h. Racinal.
i. *Onder-Sloving.*	i. Sabliere.
k. *Schot*	k. Quai,

k. *Schot op zyn kant.*   k. Quai, *ou* Revêtement de côté. *Il est ici à remarquer, que les Hollandois appellent* Schot, *tout assemblage de planches qui sert à enfermer ou à revêtir, comme le revêtement d'un Quai, une Claison, &c.*

l. *Vloer.*   l. Plancher.

m. *Zwalphouten.*   m. Poutres qui passent à travers le plancher.

n. *Slagbint.*   n. Chassis-battant, *contre lequel toutes les Portes de l'Écluse battent, ou desquels elles reçoivent le battement, comme les portes de flux & reflux, de même que les battans.*

o. *Slagstyl.*   o. Poteau-battant, *est un des Poteaux à plomb qui sont aux deux côtés du Chassis du Pont où pend l'un des battans.*

p. *Slagstyl op zyn kant.*   p. Poteau-battant, sur son côté.

q. *Slagstyl met de Beugel daar de Deur in hangt.*   q. Poteau-battant, avec l'étrier, dans lequel pend la porte.

C. *De Hey-gront.*   C. Le Fond de Hiage.

r. *Grontbint.*   r. Chassis de fond.

N°. XVII.

N° XVII.

Description d'une petite ECLUSE FICHANTE.

Cette petite Ecluse porte le nom d'*Ecluse Fichante*, parce qu'on la fiche ou on l'enfonce dans le fond, sans avoir besoin de dessécher auparavant l'endroit où l'on veut la faire. Toutefois cela ne réussiroit pas si bien dans un fond de sable, que dans un fond de terre glaise, ou dans un autre fond mou ou de terre grasse.

Prémierement, cette petite Ecluse se voit ici par en-haut; mais pour ne pas couvrir tous les poteaux, les liens & les Seuils-battans, on en a omis toutes les Poutres ou Châperons du haut des Enclos ou Clôtures, comme aussi d'un côté toutes les Sablieres en général, de sorte qu'on peut voir les pilotis debout par en-haut, & le revêtement qui est derriere. Pour entourer tout cela, il faut faire des tables assez larges pour pouvoir à peu près sortir de l'eau, & par en-bas de trois ou quatre pieds sous les Seuils-battans, selon la qualité du terrein. Les crampons par lesquels ces tables sont attachées, doivent être vis à vis des pilotis. Après cela l'on peut poser planche contre planche, jusqu'en haut sous les Chaperons, & prendre la longueur en quarré, & outre cela revêtir entierement de planches posées debout.

Pour ce qui regarde les Ailes, il n'est pas nécessaire d'en dire grand'chose; car on peut les faire droites ou de biais, courtes ou longues, comme l'on veut, & selon que la situation de la place

de Ponts-Levis, &c.

place le demande. Je n'ai mis ici que de petites ailes, avec des ancres, pour ne pas être obligé d'accourcir la mesure ou l'Echelle.

Ici-dessus, est l'Ecluse coupée par le milieu, avec deux portes ouvertes, & une autre qui est fermée. Il faut que le Chaperon soit mis, avec tenon & mortaise, sur les poteaux, & attaché dessus avec des cloux : on emboîte aussi ce chaperon devant tous les poteaux des enclos ou clôtures, & même bien serré, moyennant un boulon de fer. On voit encore tout en-bas, un Chassis leger ou Chassis de fond. On n'a qu'à faire ce Chassis à simple tenon & mortaise.

Pour ce qui regarde les Chassis battans, comme c'est-là le principal de tout cet Ouvrage, j'ai jugé à propos de les marquer sur la Planche suivante, & de les dessiner selon une plus grande mesure, ne doutant pas que le Lecteur ne soit bien aise quon lui mette devant les yeux l'Ouvrage dans cette grandeur; car de cette façon on peut représenter le tout beaucoup plus juste & plus clairement que si on le faisoit d'après une plus petite Echelle, & on le peut comprendre beaucoup plus vîte & plus commodément.

N₀ XVII.	N° XVII.
A. *De Sluys in 't midden doorgesneden.*	A. L'Ecluse coupée par le milieu.
a. *Slagbint.*	a. Chassis-battant.
b. *Yzere Wip om de Rinketdeur op te halen.*	b. Levier de fer pour lever la Vanne.
B. *De Sluys van boven te zien.*	B. L'Ecluse, vue par en-haut.
c. *Vleugel.*	c. Aile.
d. *Plaat*	d. Cha-

d. *Plaat of Sloof.*   d. Chaperon.
e. *Kombalk.*   e. Racinal.
f. *Slagbint.*   f. Chaſſis-battant.
g. *Grontbint.*   g. Chaſſis de fond.
h. *De Sloof geſtippelt.*   h. Le Chaperon ponctué.
i. *Schoeying.*   i. Quai, Revêtement.
k. *Anker.*   k. Ancre.
l. *Baartplanken.*   l. Pals-à-planches.
m. *Ligt-Bint of Grontbint.*   m. Chaſſis leger, ou Chaſſis de fond.

N° XVIII.

Deſcription d'un CHASSIS-BATTANT.

On voit ici en prémier lieu, le Chaſſis tout entier, avec l'une de ſes portes; car l'autre y manque, de même que par en-bas la moitié du revêtement des planches, lesquelles on a auſſi omiſes, afin de mieux voir les Arbalêtriers & Entretoiſes. Ces Entretoiſes & Arbalêtriers, avec les liens-heurtoirs, ſont tous aſſemblés à ſimple tenon & mortaiſe, & la poutre d'en-haut & le Seuil-battant ſont à doubles tenons & mortaiſes. Le Revêtement par lequel le Chaſſis eſt appuyé des deux côtés, entre par en-haut & par en-bas dans une rainure; & au milieu du côté des Quais il y a par-deſſus une poutre de 5 à 8 pouces, attachée avec des cloux: enfin aux bouts & au milieu il paſſe un goujon de fer à travers.

Enſuite on voit les Décharges par devant, la clef par le bout, & le Racinal par deſſous, lequel

quel est entaillé autour de la Clef, jusqu'à tant qu'elle joigne bien les Décharges ; & aux deux côtés un Tasseau dessous, lequel est posé par une dent sur les poteaux-battans, & qui y est attaché bien ferme avec un boulon ; de même qu'un Tasseau au milieu, lequel entre par un tenon dans le Racinal, aussi-bien que dans la Clef.

On voit encore à côté de ceci, un Poteau-battant sur son côté, avec ses mortaises & ses dents; comme aussi le Tasseau vu de côté, & le Racinal par le bout de devant ; & de quelle maniere ce Tasseau vient avec un bec devant le Racinal, & avec une dent dedans. On voit aussi dans ce Racinal la Crapaudine de métal, & le Montant de la porte posés dedans. De l'autre côté on voit le Chassis coupé par le milieu ; le revêtement par le côté, les Entretoises & les Poutres, les Seuils-battans & les Racinaux par le bout de devant ; le Tasseau par le côté, & la Clef avec les mortaises & les dents dedans, à l'endroit où entre la Décharge. On voit encore au-dessus de ce Chassis un Poteau-battant par son bout, avec les Entretoises dedans, entre lesquels on hie les Pals-à-planches : le creux, qui vient par derriere aux Poteaux-battans, doit être un peu plus profond par les bouts d'en-bas que par ceux d'en-haut, & pas plus long que jusqu'au côté d'en-bas du Chaperon. Il faut ajuster ensemble les planches qui entrent dans ce creux, avant que de planter le Chassis au fond. Il faut aussi que le bout de cette planche soit fait un peu en quarré par en-bas, afin que quand on enfonce cette planche, elle nettoye en même tems le creux depuis le haut jusqu'en-bas ; & lorsque cette planche a atteint sa profondeur, on peut bien la faire pancher un peu par en-haut, afin qu'elle entre aussi par en-haut dans le creux.

Il y a encore ici-dessous le Seuil-battant, avec l'une des Décharges & la Clef dedans ; l'autre Décharge est un peu éloignée du Seuil-battant, étant aussi tournée, pour la voir de côté ; & tout cela est ponctué pour marquer de quelle maniere ces pieces sont séparées l'une d'avec l'autre. Le Racinal se voit aussi par en-haut, avec la Crapaudine de métal dedans; & l'on voit encore comment ce Racinal est serré avec des boulons au Seuil-battant. De plus on voit d'un côté le Seuil de la porte, avec le Montant & le Poteau-battant. Il faut mettre dans cette porte deux potelets ou petits poteaux, à l'endroit où vient la Vanne; on peut pourtant bien encore avancer la Vanne un peu en devant, & alors on n'auroit besoin que d'un potelet. La porte se voit encore ici par en-haut, avec le poteau du Chassis & les Etriers ou Collets de fer, auxquels pend la porte, laquelle est affermie par quatre boulons. Plus, le Levier de fer, pour lever la Vanne. Il faut bien mouiller les aix pour ces Vannes, avant que de les attacher avec des Crampons l'un sur l'autre ; après cela il faut les joindre bien juste.

Pour plus grande commodité, & pour l'exactitude, on a mis le nom sur chaque piece, & la pesanteur du bois.

N° XVIII.

A. *Slagbint met een Deur daar in.*
a. *Yzere Beugel.*

N° XVIII.

A. Chassis-battant avec une porte.
a. Etrier ou Collet de fer.

b. *Dek-*   b. Cha-

De Ponts-Levis, &c.

b. *Dekſtuk.*
c. *Kichgel.*
d. *Karbeels.*
e. *Puntſtuk.*
f. *Kombalk.*
g. *Zwalphouten.*

h. *Klós.*
i. *Klos van vooren.*
k. *Zwaartbalk.*
l. *Baartplanken.*
m. *Wyd binne Werks* 17 *voet.*
n. *Slag-Drumpel op zyn kant.*
o. *Slag-Drumpel van boven.*
p. *Baartplanken.*
q. *Kombalk van boven.*

r. *Metále Kom.*
s. *Slotſtuk.*
t. *Schutdeur van boven te zien.*
u. *Yzere Wip van boven te zien.*
w. *Puntſtuk.*
x. *Puntſtuk op zyn kant.*

y. *Harder van de Deur.*
z. *Kombalk.*
† *Klos.*
‡ *Slagſtyl op zyn kant, met al de gaten en tanden daar de Karbeels en Bal-*

b. Chapeau ou Parclose.
c. Poutre, Solive.
d. Liens-heurtoirs.
e. Décharge.
f. Racinal.
g. Traverse ou Poutre du milieu.

h. Tasseau.
i. Tasseau vu par-devant.
k. Entretoise.
l. Pals-à-planches.
m. Largeur dans œuvre 17 pieds.
n. Seuil-battant sur son côté.
o. Seuil-battant, vu par en-haut.
p. Pals-à-planches.
q. Racinal, vu par en-haut.

r. Crapaudine de métal.
s. Clef.
t. Battant, vu par en-haut.
u. Levier de fer, vu par en-haut.
w. Décharge.
x. Décharge sur son côté.

y. Montant de la porte.
z. Racinal.
† Tasseau.
‡ Poteau-battant sur son côté, avec toutes les mortaises & dents où les Liens-

Balken in komen.	Liens-heurtoirs & poutres entrent.
1. *Slotstuk.*	1. Clef.
2. *Schot op zyn kant.*	2. Revêtement sur son côté.
3. *Zwaartbalken.*	3. Entretoise.
4. *Slag-Drumpel.*	4. Seuil-battant.
5. *Klos op zy.*	5. Tasseau par le côté.
6. *Zwalpbouten.*	6. Traverses ou Poutres du milieu.

N° XIX.

Description d'un double CHASSIS-BATTANT *avec deux paires de* PORTES, *pour arrêter l'eau tant en dedans qu'en dehors.*

Ce Chassis est ouvert par en-haut, desorte qu'un bateau y peut passer le mât debout. Comme ces sortes d'Ouvrages sont fort en usage dans ce pays, j'ai cru qu'il seroit nécessaire de desiner deux de ces Chassis, l'un fermé par en-haut, & l'autre ouvert, où tout ce qui appartient à un tel Ouvrage se peut voir très distinctement. J'ai dessiné chacun de ces deux Chassis, afin qu'on le puisse faire de différentes façons. Car prémierement, on voit au Chassis qui est fermé par le haut, que les liens & les entretoises viennent à cet endroit entre le revêtement; mais le revêtement est mis dans ce Chassis entre les liens & les entretoises ; & les entretoises & ce revêtement tiennent dans un creux, aux po-

poteaux, de même que dans le Seüil-battant par en-bas. Les Entretoises qui font placées des deux côtés par-dessus le revêtement, font entaillées par des queues d'aronde dans les poteaux, de maniere que ce Chassis ne peut facilement s'étendre plus loin par en-bas; & par conséquent il ne peut pas devenir plus étroit par en-haut. On peut bien aussi prendre les liens-heurtoirs qui font au-dessus du Seuil-battant, aussi grands qu'il est possible, pourvu seulement qu'il n'empêche pas les bateaux de passer; & outre cela on peut encore faire ce Chassis d'en-haut d'un pouce plus large que celui d'en-bas; car il peut bien arriver, que par la pression du fond, & par la pesanteur des portes, il s'enfonce tant, qu'il deviendra en peu de tems également large. On voit encore auprès de ce Chassis, la Barbe posée sur le côté : elle est de l'épaisseur de 5 pouces, parce que les liens qui tiennent avec un tenon par en-bas à la Clef, reposent aussi sur une dent dans cette planche, avec un boulon en travers ; mais l'autre revêtement n'est que de 2 pouces ou de 2 & demi d'épaisseur. On voit encore de l'autre côté un poteau-battant sur son côté, avec les Tasseaux auxquels sont les Crapaudines de métal, & dans lesquels se tournent les portes; de même que tous les tenons & mortaises qui y sont, & la rainure où entre le revêtement. On voit ici-près les Tasseaux avec les Crapaudines de métal, coupés par une entretoise qui passe par le poteau-battant. Ces Crapaudines de métal sont creuses par en-bas aussi-bien que par en-haut, de sorte que les Tasseaux y entrent par un tenon, ainsi qu'on peut le voir. On voit en-bas les Tasseaux & les Poteaux-battans sur leur bout ou pointe, une des Crapaudines dedans, & l'autre qui est omise.

De plus, on voit ici-dessous le Seuil-battant, avec la Clef & trois Décharges dedans, & la quatrieme un peu séparée & renversée, ou vue de côté. Ces Décharges tiennent par un tenon dans le Seuil-battant, & ont une Languette dessus. Ici au-dessus est le Seuil-battant, posé sur son côté. On voit encore au-dehors des Poteaux-battans, une Lambourde de 5 à 7 pouces, où les Pals-à-planches entrent à queue d'aronde; & cette Lambourde est entaillée d'un demi-pouce dans les poteaux.

N° XIX.

a. *Karbeel.*
b. *Puntstukken.*
c. *Slag-Drumpel.*
d. *Klos.*
e. *Schore.*
f. *Zwaartbalken.*
g. *Klamp.*
h. *Slag-Drumpel op zyn kant.*
i. *Puntstuk.*
k. *Puntstuk op zyn kant.*
l. *De metale Kommen doorgesneden.*
m. *De Klosse op zyn ent, met de metale Kommen daar in.*
n. *Te*

N° XIX.

a. Lien-heurtoir.
b. Décharges.
c. Seuil battant.
d. Tasseau.
e. Esseliers ou Liens.
f. Entretoise.
g. Listel ou Lisseau.
h. Seuil-battant sur son côté.
i. Décharge.
k. Décharge sur son côté.
l. Les Racinaux de métal, coupés.
m. Les Tasseaux sur leurs bouts, avec les Crapaudines de métal dedans.
n. Les

n. *De Harders, of de agterste fteylen van de Deuren.*	n. Les Montans, ou la piece à l'extrémité des portes où font les pivots.
o. *Kloffen op zy.*	o. Taffeau de côté.
p. *Slagftyl op zyn kant.*	p. Poteau-battant fur fon côté.
q. *Groef.*	q. Creux ou Rainure.
r. *De Slagftyl en de Harders op zyn ent, met de yzere Beugels daar aan.*	r. Le Poteau-battant, & les Montans, fur leurs bouts, avec les Etriers de fer qui y tiennent.
s. *Slotftuk op zy.*	s. Clef de côté.
t. *Zwaartbalken voor 't ent.*	t. Entretoifes aux bouts.
u. *De Baart op zyn kant.*	u. La Barbe fur fon côté.

N°. XX. & XXI.

J'ai fait voir aux Nombres XVIII. & XIX. de quelle maniere les deux Chaffis-battans fe peuvent faire; maintenant je vais montrer fur cette Planche, de deux manieres différentes, comment ces Chaffis doivent être pofés dans le fond.

Prémierement, ce feroit un très grand foulagement, fi l'on creufoit un petit foffé à l'endroit où ces Chaffis doivent être pofés, autant que cela eft praticable, afin de n'avoir pas befoin de fe fervir d'une fi grande force ; car il eft certain, que s'il faloit pofer ces Chaffis dans le fond à grande force & par un long & ennuyeux battement, l'on defaffembleroit & détruiroit l'ouvrage, quelque bien qu'il fût affemblé. Que fi on le faifoit faire affez profond pour pouvoir pofer le Chaffis dans l'eau, avec des poutres pesantes, & une traverse au-dessous, à laquelle la chaine est attachée, comme aussi à la moufle d'enbas, & outre cela 3 ou 4, ou 4 & 5 poulies, avec deux vindas, pour le guinder au fond; quand ce fossé couteroit un, deux ou trois jours de plus, l'ouvrage en seroit indubitablement beaucoup meilleur & resteroit certainement dans toute sa force. On peut aussi, quand on est au guindage, faire frapper deux hommes au-dessus du Chassis à chaque bout, avec une Demoiselle; car lorsqu'on a attaché des deux côtés 2 ou 3 poutres pesantes, un petit coup peut faire beaucoup. J'ai fait servir en même tems l'écharpe ou moufle d'en-bas, pour une moufle à conduire; mais il vaudra mieux se servir d'une moufle à conduire. J'ai représenté ce petit Ouvrage tout de même que si on vouloit seulement poser dans l'eau une petite Ecluse de cette façon; avec une Levée des deux côtés & qui vienne jusqu'à la petite Ecluse.

Si l'on vouloit lever un vieux Chassis du fond, l'on feroit sagement de le faire déterrer un peu, puisqu'on le tireroit plus facilement hors du fond. Il faut aussi, ces Chassis étant posés dans le fond, les remplir de deux côtés vers la barbe, avec de la glaise, jusqu'au Seuil-battant.

N° XXII.

N° XXII. & XXIII.
DESCRIPTION
D'UNE
ECLUSE
Qui est à HAMEL dans le Duché de Calenberg sur le Weser.

LE Weser étoit autrefois très difficile à passer près de Hamel, à cause que l'eau y baisse dans une petite distance de 7 à 8 pieds, de sorte qu'aucun bâtiment n'y pouvoit monter; il faloit les décharger, & après cela les tirer avec une grande force, beaucoup de péril & à grands fraix, avec des Cabestans, contre le courant de l'eau, laquelle tombe avec impétuosité, en cet endroit: ce qui a été cause, que plusieurs bateaux y ont été brisés. Pour cet effet on y a construit cette Ecluse, afin que les bateaux puissent y passer commodément & surement.

On voit dans cette Planche, prémierement le fond de Hiage, avec les Platte-formes ou poutres dessus, sur lesquelles est le plancher, & les Pals-à-planches debout. Cette Ecluse est fermée en cinq endroits par des pals-à-planches, c'eſt à dire aux deux côtés, & ſous toutes les trois poutres battantes. Les quatre ailes ſont partout revêtues de pals-à-planches, & même aux bouts.

Sur ce fond de Hiage on voit le Plan des murs de l'Ecluſe, & en prémier lieu les ailes des Têtes de ladite Ecluſe. Ces Têtes ont 19 pieds de baſe par en-bas, & diminuent de chaque côté, tant qu'il ne reſte que 12 pieds d'épaiſſeur juſqu'à la demi-hauteur de ces Têtes : elles montent ainſi avec cette épaiſſeur tout droit, juſqu'en-haut. De plus on voit la Baſe des murs de l'Ecluſe : cette Baſe a 16 pieds d'épaiſſeur entre les têtes, & elle diminue tout de même vers le haut, de ſorte qu'il ne lui reſte plus que 6 pieds d'épaiſſeur. Les ailes ſont épaiſſes de 12 pieds par en-bas, & diminuées juſqu'à la même hauteur que l'Ecluſe, ſi bien qu'il ne leur reſte que 6 pieds d'épaiſſeur. Les Contreforts ou Eperons qui ſont derriere les deux ailes, diminuent juſqu'à tant qu'ils viennent à rien, étant venus à la moitié de la hauteur, comme on le peut voir à l'endroit où l'aile eſt coupée avec l'Eperon par derriere. Les Têtes qui ſont aux bouts de ces deux ailes, ont 21 à 22 pieds d'épaiſſeur : la raiſon pourquoi ces deux ailes ſont plus fortes que les autres, par rapport aux Têtes & aux Eperons, eſt particulierement à cauſe de la débacle, parce qu'alors ces deux ailes ſouffriroient le plus ; & c'eſt auſſi la même raiſon pourquoi il y a deux paires de portes au bout de l'Ecluſe. De plus on voit dans les murs, les Conduits ponctués, pour faire entrer & ſortir l'eau. Il y a au-devant de ces Conduits au bout d'en-haut, des grilles de fer, pour empêcher qu'il n'y puiſſe entrer de groſſe vilenie ;

&

& comme cette Ecluse retient ordinairement 7 à 8 pieds d'eau, on l'a murée de 7 pieds de haut au bout d'en-haut, afin qu'elle fût d'autant moins sujette à se salir, ce qui ne peut pourtant pas empêcher l'entrée & la sortie des bateaux, parce qu'ils entrent & sortent toujours à haute eau. De plus l'on voit dans ce fond le plancher & les poutres pardessus, les poutres-battantes avec les Décharges, & les Racinaux avec les Crapaudines de métal dedans. Au dessus de ceci on voit l'Ecluse par en-haut, & le Pont qui est au-dessus.

Il est dit ci-dessus, que cette Ecluse n'a pas été construite en cet endroit pour détourner le courant de l'eau, mais pour que les bateaux, qui montoit autrement à grand' peine la riviere, y puissent passer sans empêchement : de sorte que, quoique l'eau s'arrête devant cette Ecluse, & qu'elle soit haute d'un côté & basse de l'autre, la riviere a néanmoins son cours de biais par-devant cette Ecluse : c'est la raison pourquoi les ailes de cette Ecluse sont si différentes l'une de l'autre pour la longueur, & que l'une est droite, & l'autre de biais, afin que le Courant qui passe devant l'Ecluse n'empêche point les bateaux d'entrer & de sortir de l'Ecluse.

On voit outre cela les Vindas pour ouvrir & fermer les portes : les petits Vindas pour ouvrir les Vannes y sont omis, de sorte qu'on n'y voit que les trous où entrent les Vannes. L'on voit encore les Degrés dans les ailes, aussi-bien que sur l'Ecluse, car elle est plus haute d'un côté que de l'autre. On voit encore ici proche, d'un côté, l'Ecluse avec les ailes qui sont par-devant le bout d'enbas, avec le Pont par-dessus, & les

portes fermées ; de l'autre côté, l'Ecluse & les ailes par-devant le bout d'en-haut, avec le Pont dessus, & les portes ouvertes. On voit encore ici de quelle maniere l'Ecluse est murée au bout, de quoi l'on a déja parlé ci-dessus.

De plus, on voit de l'un des côtés, des Pals-à-planches représentés par dessous, & de l'autre côté les Pilotis ; & cela parce qu'autrement cette Figure seroit trop remplie : c'est pour cette raison que les pilotis sont omis d'un côté, & de l'autre les Pals-à-planches.

Au-dessus de ceci est l'Ecluse coupée par le milieu, avec deux portes, l'une ouverte & l'autre fermée. On voit ici le plancher & les Pals-à-planches sur leur côté, les platte-formes & les poutres par le bout de devant ; & comment ces ailes sont par-tout revêtues de planches. On voit au milieu de l'Ecluse, le Chassis pour le Pont, avec les Vindas pour ouvrir & fermer les Battans ; comme aussi les petits Vindas pour ouvrir les Vannes. On voit encore ici d'un côté l'Ecluse coupée auprès du Pont, avec le Pont dessus. L'éloignement est tant soit peu marqué ici, sans racourcir pourtant le bout de devant. On voit de l'autre coté l'Ecluse coupée tout auprès des Conduits d'en-haut, & on a marqué dans ce Profil, comment cette Ecluse doit être assurée & ferrée avec des planches, afin qu'on puisse ouvrir toutes les portes & ôter ensuite derechef toutes les planches, pour pouvoir, en cas d'accident, faire passer ou écouler l'eau par l'Ecluse, ce qui se peut faire le plus commodément par cet endroit, l'Ecluse étant ici murée de 7 pieds de hauteur. On peut aussi le faire ici avec des planches plus courtes que dans un autre endroit

de

de l'Ecluse. Il faut, pour exécuter cela, faire une petite ouverture dans la muraille du côté des Quais, pour y mettre une poutre de 2 à 3 pieds au-dessus de la hauteur ordinaire de l'eau, & des planches de 3 pouces d'épaisseur, & de la longueur à pouvoir entrer d'un pied par en-bas vers la muraille, & clouer un Listeau par derriere vers ces planches; on n'a qu'à ficher ces planches alternativement l'une après l'autre, jusqu'à ce que ce Listeau touche la poutre: il faut aussi qu'il y ait à chaque planche un anneau de fer, pour que ces portes, lorsqu'elles sont ouvertes, tiennent ferme, & pour pouvoir tirer ces planches hors du fond avec un cable. Quand l'eau est assez écoulée & qu'on veut refermer l'Ecluse, on n'a qu'à tenir ces planches avec le Listeau sur la poutre, & rabaisser ce bout d'en-bas sur l'eau; cette planche chassera d'elle-même au fond jusques à la muraille.

N° XXII. en XXIII.	N° XXII. & XXIII.
A. *De Sluys voor 't onder-endt te zien.*	A. L'Ecluse vue par le bout d'en bas.
B. *By de Brug doorgesneden.*	B. Coupée auprès du Pont.
C. *De Sluys doorgesneden.*	C. L'Ecluse coupée.
a. *Trap.*	a. Degré.
b. *'t Water.*	b. L'eau.
c. *Baartplanken.*	c. Pals-à-planches.
D. *De Sluys door de bovenste Verlaat doorgesneden.*	D. L'Ecluse coupée au travers des Conduits d'eau d'en-haut.
E. *Voor 't boven-ent te zien.*	E. Vue du bout d'en-haut.
F. *De*	F. L'E-

F. *De Sluys van boven te zien.*	F. L'Ecluse vue par en-haut.
d. *Trap.*	d. Degré.
e. *Brug.*	e. Pont.
f. *Wydt 22 voet.*	f. Large 22 pieds.
G. *De Sluys lang 220 voet.*	G. L'Ecluse est longue de 220 pieds.
g. *Vleugel, lang 185 voet.*	g. Aile, longue de 185 pieds.
h. *Vleugel lang 97 voet.*	h. Aile, longue de 97 pieds.
i. *De Vleugel doorgesneden, met de Penant daar agter.*	i. L'Aile coupée, avec le Contrefort ou Eperon derriere.
k. *Verlaat.*	k. Conduit d'eau.
l. *Hier is de Sluys toegemetzelt 7 voet hoog.*	l. L'Ecluse est maçonnée ici de 7 pieds de haut.
m. *Vleugel lang 220 voet.*	m. Aile longue de 220 pieds.
n. *80 voet.*	n. 80 pieds.
o. *Penanten.*	o. Contreforts *ou* Eperons.
H. *De Hey grondt.*	H. Le Fond de Hiage.
p. *Baartplanken.*	p. Pals-à-Planches.

N° XXIV.

Nº XXIV.

DESCRIPTION

D'UN

PONT-TOURNANT,

Sur le CANAL de 's GRAVE-LAND, près du Fort d'UY-TERMEER.

Tout l'appareil de ce Pont est représenté sur deux Planches, aussi distinctement & avec autant de soin, que si on l'expliquoit de bouche & qu'on le montrât piece par piece avec les doigts. Car on y peut voir le nom & la pesanteur de chaque piece de bois, toutes les pieces étant rangées en ordre l'une sur l'autre & à côté l'une de l'autre; & l'on voit aussi de quelle maniere ces pieces agissent.

On voit donc prémierement le fond de Hiage ou de Pilotage des Têtes, avec deux ailes qui y sont attachées; de même que la base de ces Têtes, comme aussi les ailes & les Contreforts qui sont derriere, lesquels sont indiqués par des points

points sur ce fond de Hiage. Au-dessus de ce Fond on a représenté l'Ouvrage entier vu par en-haut; & à côté, l'on voit la prémiere Tête, avec les ailes. On voit ici-audessus tout l'Ouvrage en face; les Têtes avec le Pont dessus, & les rouets de métal dessous, sur lesquels ce Pont se tourne; & le Garde-fou de fer au-dessus: mais pour ne pas charger trop le Pont par-devant, on peut faire les deux Balustrades qui y sont, de quelque bon bois solide.

N° XXIV.   N° XXIV.

a. *'t Voorste Hooft met de Vleugels van voren te zien.*
a. La prémiere Tête avec les Ailes, vue par devant.

b. *De Vleugels doorgesneden, met de Penant daar agter.*
b. Les Ailes coupées, avec les Contreforts derriere.

c. *Kesp.*
c. Platte-forme.

d. *De Brug op zyn kant, met de Hoofden en Vleugels, voor 't ent te zien.*
d. Le Pont sur son côté, avec les Têtes & les Ailes, vues par le bout.

e. *De Vleugels en de Hoofden met de Brug daar op, van boven te zien.*
e. Les Ailes & les Têtes, avec le Pont dessus, vu par en-haut.

f. *Heygrondt van 't voorste Hooft.*
f. Fond de Hiage de la prémiere Tête.

g. *Heygrondt van 't middelste Hooft, daar de Brug op draait.*
g. Fond de Hiage de la Tête du milieu, sur laquelle tourne le Pont.

h. *'t Agterste Hooft.*
h. La derniere Tête.

N° XXV.

N° XXV.

Les TETES, avec le PONT par-dessus, coupées par le milieu.

Ce Pont tourne sur 16 Rouets de métal. Il y a dans la Tête du milieu un anneau de pierre bleue, & sur celui-ci un anneau de fer, avec de petits boulons, scellés dans l'anneau de ladite pierre, sur laquelle tournent ou roulent les roues ou rouets de métal. Il y a aussi par en-bas vers les poutrelles du Pont, un anneau de bois, & dans celui-ci un anneau de fer, qui est justement aussi grand que celui d'en-bas, & qui repose en-haut sur les roues de métal. Il y a encore au milieu de la Tête du milieu, une pierre bleue de 22 ou 24 pouces d'épaisseur, & dans cette pierre un Pivot ou une Eguille de fer de l'épaisseur de trois pouces, qui passe aussi d'en-bas par le bras ou lien, dans la poutrelle du milieu du Pont, à l'endroit où le Pont se tourne, afin de le tenir toujours sur son centre. Il y a de même au milieu, à l'entour de ce pivot, un Collet de fer; & comme les rouets de métal tournent toujours entre deux anneaux de fer, on a appliqué à ces anneaux de fer, pour les tenir aussi-bien que le Pont sur leur centre, huit Liens de fer, qui sont attachés & serrés avec des vis à ces anneaux, comme aussi au Collet de fer. Tout cela se voit ici au-dessus, coupé par le milieu; la pierre bleue murée dans la Tête du milieu, avec le Pivot de fer en-dedans, le Collet à l'entour, de même que les liens qui y font; plus, l'anneau de pierre bleue, & en-haut vers les poutrelles l'anneau de bois, avec les anneaux de fer qui font dedans; enfin le tout, comme cela fe peut voir ici, coupé par le milieu.

Sous ce Profil on trouve les Têtes, avec le Pont deffus, vues par en-haut. Les rainures, dans lesquelles ce Pont tourne par devant & par derriere, font généralement toutes de pierres bleues. On voit auffi, que la partie de derriere de ce Pont fe courbe un peu: c'eft parce qu'il y a ici deux chemins, l'un droit par-deffus le Pont, & l'autre en travers du Pont: c'eft pour cette raifon qu'il eft tout droit en-haut, & l'autre eft un peu rond ou courbé; cela dépend néanmoins de la volonté, & on le peut faire ou laiffer, ou bien le faire de quel côté l'on veut, mais on ne pourroit pas le faire des deux côtés à la fois. Ce Pont eft auffi deffiné par derriere, environ de quatre pieds plus long qu'il n'eft là en effet, & cela pour être mieux en équilibre fur les rouets de métal.

On voit encore ici au-deffus, les anneaux de fer, avec les rouets de métal dedans, le Collet & les Liens qui y font attachés; & à côté, la Tête du milieu vue par en-haut, avec l'anneau de pierre bleue & l'anneau de fer dedans, dans lesquels les rouets de métal roulent; de même qu'au milieu, la pierre bleue où l'on met le pivot de fer.

On voit encore joignant ceci, felon une plus grande Echelle, une partie des anneaux de fer, avec les rouets de métal dedans, le Collet & les Liens qui y font; & à côté une Roue, & une autre ponctuée, afin de pouvoir voir le petit boulon.

Le

de Ponts-Levis, &c.

Le Pont se voit encore ici par en-bas, avec trois pieces de bois rond ou jantes de dessus, & une piece un peu séparée & tournée sur son côté, afin de la voir par en-bas, avec l'entaillure dedans. La maniere d'assembler toutes les pieces de ce Pont ne sera pas mal-aisée à découvrir, vu que la construction en est assez distinctement & suffisamment expliquée de tous côtés, & dans toutes ses parties.

N°. XXV.   N°. XXV.

a. *De Brug met de Hoofden, in 't midden doorgesneden.*
a. Le Pont avec les Têtes, coupé par le milieu.

b. *Sponning daar de Brug in draait.*
b. Feuillure ou Rainure, dans laquelle tourne le Pont.

c. *De Hoofden met de Brug daar op, van boven te zien.*
c. Les Têtes avec le Pont dessus, vues par en-haut.

d. *Yzere Koning.*
d. Pivot de fer.

e. *De yzere Ringe, met de metale scheiven daar de Brug op draait.*
e. Les Anneaux ou Cercles de fer, avec les rouets de métal, sur lesquels le Pont tourne.

f. *Het Hooft daar de Brug op draait, met de blaauwe steene Ring daar in, daar de metale scheiven op loopen.*
f. La Tête sur laquelle tourne le Pont, avec l'anneau bleu & l'anneau de fer dedans, sur lequel roulent ou se tournent les rouets.

g. *Yzere Kraag.*
g. Collet de fer.

h. *Yzere Schoren.*
h. Liens de fer.

i. *Een gedeelte van de yzere Rin-*
i. Une partie des An-neaux

68 *Description d'Ecluses, &c.*

Ringen en metale Scheiven na een grooter voetmaat.	neaux de fer & des rouets de métal, d'après une plus grande mesure.
k. *De Brug van onderen te zien, met de Zwaartbalken, het Ringhout daar op, en de yzere Ring daar in, die boven op de metale scherven lydt.*	k. Le Pont, vu par-dessous, avec les bras ou liens, & le bois rond ou les jantes dessus, & l'anneau de fer dedans, lequel est posé au-dessus des rouets de métal.
l. *Broekstuk op zyn kant.*	l. Chevêtre sur son côté.
m *Het voorste Broekstuk.*	m. Le Chevet ou Chevêtre.
n. *Agterste Broekstuk.*	n. Culasse.
o. *Op zyn kant te zien.*	o. Vue de côté.
p. *Zwaartbalk.*	p. Bras ou Lien.
q. *Zwaartbalk, met de Leggers daar op.*	q. Bras ou Lien, avec les Poutrelles dessus.
r. *Een stuk van 't Ringhout*	r. Une piece du bois rond, ou Jante.
s. *'t Ringhout op zyn kant.*	s. La Jante sur son côté.
t. *Van onderen te zien*	t. Vue par-dessus.
u. *De Brug in 't geheel 40 voet lang.*	u. Toute la longueur du Pont est de 40 pieds.

Fin du Prémier Tome.

www.ingramcontent.com/pod-product-compliance
Lightning Source LLC
LaVergne TN
LVHW051504090426
835512LV00010B/2329